全球展望與國家願景

林嘉誠政治評論集

林嘉誠・著

推薦序一　友直友諒友多聞

　　林嘉誠部長／教授與我的交情，可以追溯到九〇年代。記得一九九〇年六月底我以少數海外異議人士的身分，受邀出席李前總統主辦的國是會議，我的好友陳永興醫師是籌劃發起人之一，介紹我跟東吳大學社會系的林教授認識。當時我在美國加州的史丹福大學胡佛研究所擔任研究員，也在法學院兼一門課，頗熱衷於台灣的憲改議題，他太太的姊姊是陳玲玉律師，姐夫洪三雄先生都是台大法律系我的後輩，他們的獨生女在史丹福大學附近的私校就讀，我本來與洪家就有來往，所以跟嘉誠兄一見如故。他中學唸建中，但他是嘉義人；我是雲林人，但唸嘉義女中六年，因此更拉近了關係。我知道林父是留日的智識份子，與李前總統交好，因此林教授可以直達天聽。嘉誠兄博學多聞、言之有物，文筆又很好，在國內的幾個大報經常看到他寫的文章、專欄及社論，雖然他的立場較同情、支持黨外的民主運動，中國時報的余紀忠老闆及聯合報的王惕吾先生都很器重他。黨外的報章雜誌中，像康寧祥先生創辦的《八〇年代》及《首都早報》也都借重他的才華，在後者出任副總主筆，是公認的新生代才子。

　　一九九二年我接受民主進步黨的徵召，放棄美國籍，返台

出任僑選的國大代表，參與修憲及推動總統直選的工作，與林
教授的互動更頻繁。兩年後的秋天，我接民進黨國大黨團的總
召，受命協助陳定南先生的省長之役，陳水扁立委的台北市長
競選我根本沒有參與。北市勝選後，我已經回到史丹福大學就
職，突然受邀加入陳市長的小內閣，返國接下訴願會主委一
職。另有三位女性獲邀入閣，陳菊女士接社會局局長，之前她
是高雄市選出來的國代，有同事之誼。嘉誠兄擔任研考會的主
委，剛上任時我對國內公務體系的運作不甚瞭解，林主委給了
我很多協助，尤其我是北市訴願會第一位專職的主委，議會通
過撥給我一部新車及一個司機，卻沒有派秘書來支援我，導致
我每天從早上八點上班至晚上十點才下班，所有的行程、聯
絡、雜務都要自己安排。有一晚林主委在從事「走動式管理」
時，到我辦公室發現了我的困境，立刻向陳市長稟報，從秘書
室調派一個人力來支援我。第一任的副市長陳師孟離職後，林
兄接下副市長的重擔。我除了訴願會的本職之外，也肩負城
市外交的工作，每年代表陳市長出席在世界各國召開的IULA
（國際地方政府聯合會的執委會，每年二次），有一回，一九
九七年去澳大利亞開會，由林副市長領軍，我陪同出席留下愉
快的回憶。台北市政府的四年，是我在台灣從政最美好的時
刻，最有成就感；團隊有默契，施政成績斐然，許多創新及高
效率給了台北市欣欣向榮的景象，可惜在過去的十六年卻消失
殆盡。（參考他的近作，見「原台北市政府團隊與柯文哲」
〔W-1-18，林嘉誠出書（2）〕）

　　二〇〇〇年五月，陳水扁總統就職，嘉誠兄出任研考會主
委，我則擔任僑委會委員長，我們都住在信義路三段大安森林
公園對面的職務宿舍，偶爾我會去林家串門子，夫人陳玲華是
台大外文系的教授，有時我們相約去附近聚餐。四年後，阿扁
總統連任，林主委轉換跑道去考試院擔任考選部部長，就搬離
宿舍，我自己經常跑國外僑區，與林部長賢伉儷就較疏遠。不
過，二〇〇八年五月卸任後，彼此還是有來往。在馬政府的系
統性打壓迫害下，他本身遭受纏訟之苦長達三年，受到殘酷的
蹂躪，我眼睜睜看著幾位政務官好友都無法倖免，我卻無能為
力而感到十分痛苦。幸好他沒有被擊倒，現在終於回到充滿自
信、有衝勁、有理想的學者本色，重拾文筆，幾乎每天都可以
拜讀他精闢入裡的文章，中外古今，旁徵博引，涵蓋面非常
廣，使人不得不佩服他的博學多聞。聽說他每天清晨都揮筆疾
書，文章源源不斷寫出來，散見各報章雜誌，Taipei Times也常
有英譯的文章出現。總之，我的好友林部長，是「友直、友
諒、友多聞」，是為序。

　　　　　　　　　　　　　僑務委員會前委員長　張富美
　　　　　　　　　　　　　二〇一四年十月十三日于新店

推薦序二　全球展望與國家願景

　　二〇〇八年後，馬政府上台後開始秋後算帳，前總統阿扁首當其衝，不久阿扁時代的政務官幾乎個個受到不等的司法威脅。林嘉誠教授是受到司法不平踐踏的對象之一。

　　這段政治司法踐踏的漫長時間，顯然使信心十足的林教授受到委屈而消沈，幾乎足不出戶。我們幾個同事都很關心他的心情和健康，常常要邀他出來散散心，但他都拒絕了。

　　二〇一一年，他的冤枉終於含冤昭雪。我們終於看到他往常熟悉的樂觀個性，高談闊論。沒有想到幾個月後，我們都很高興看到報章媒體開始出現他對時事擲地有聲的各種評論。我們終於放下心來。

　　二〇一二年八月後，林教授突然又銷聲匿跡。朋友每次打電話邀他出來，他都婉拒，也不說理由。我們又再度擔心他又出了什麼事，只能默默地祝福他。

　　沒有想到兩年後，二〇一四年八月初的一天，我突然接到他的電話，「俊義啊，實在受不了，以前我們都沒有時間寫，現在我要開始寫文章了。我已電郵幾篇讓你過目。」聽他的口氣樂觀又興奮，我當然十分地高興，終於他又脫殼而出，希望這一次後不要再讓我們擔心。

　　那一天後，每天我都收到一篇或數篇他在各報章發表不同議題評論的文章。我簡直無法相信，他哪來的能耐，可以突然變成這樣的多產作家？心裡狐疑下，我仔細地閱讀他的每篇文章後，再度地無法相信他哪來這麼多擲地有聲的各種具體資料來支持他的各種論述？兩個月後，我收到他的一通電話，「俊義兄，我已集了六十篇的文章了，有家出版社要我出書，你可以幫我寫一篇序文嗎？」我二話不說，一口應允下來，因為大部分的文章我都已過目了。

　　「我可問你一些問題？」我心裡的疙瘩必須得到抒解，「你哪來這種能耐，這麼多的資料，在這麼短的時間寫出這麼多的評論文章。太棒了，我做不到。」

　　「啊呀，這都是我過去兩三年來足不出戶的觀察，資料收集，及教學、公職經驗的匯集。現在實在看不下去了，我就一口氣寫下來，我自己也嚇了一跳，」他嘆了一聲說。

　　「喔，原來你這幾年都在臥薪嘗膽，閉門用功啊，真佩服。」我心裡的狐疑雖抒解了，但感到很不好意思。我們太小看他在政治司法蹂躪下的抗壓能耐，更低估了他專業造詣之高。

　　在這六十多篇的文章中，大都有關政治、經濟及社會的公共政策議題。過去，這些議題大都在行政體系中閉門造車，鮮少受到公共意見的參與討論及評論，即貿然執行。林教授的公共政策的評論文章可以提醒年輕一代做進一步的認識和探討，也希望政府各部門重新評估現行政策，加強改善，更能符合民意。

　　當林教授要我寫這篇序文後幾天，至少又發表了兩篇文章，把觸角延伸到兩岸關係及國際情勢。這次，我心中的狐疑是針對我自己的寫作及治學的能耐了。

行政院環境保護署前署長・前駐英代表　林俊義

推薦序三

這幾年來，台灣社會頗不平靜，八八風災、油電雙漲、美國牛肉進口、證所稅開徵、兩岸服貿協議、核四興建、十二年國教、高雄氣爆、餿水油……等等爭議、風波，層出不窮，有屬於政策層面的，也有屬於執行層面的，顯示不僅人民對於政府的施政無感，政府本身甚至成為問題的所在。

在過去及現在的各級政府當中，為什麼有的能制定出好的政策，有的卻不能？有的有很強的執行力，有的卻沒有？有些執政團隊成員的學經歷，光鮮亮麗，但施政滿意度卻很低，民怨四起，原因何在？在在值得我們深思和探討。

一九九四年十二月二十五日起，陳水扁市長領軍的市府團隊，在台北市翻轉了一般人對於政府的印象。四年的施政，市民不但有感，且給予高度的肯定。如果說這是一個值得觀察的案例，則關鍵因素是什麼？嘉誠兄時任研考會主委、政務副市長，近身參與，必然有諸多的體驗和啟示。

嘉誠兄大學研習經濟，研究所轉攻政治學，獲得博士學位，多年教席之後，投入政府部門，除在地方政府輔佐陳市長外，在中央政府歷任研考會主委、考選部長，可謂理論與實務兼備。

　　政務官退職後，嘉誠兄仍持續關注台灣政局，經常在媒體發表時論，備受矚目，近日將之集結成書，提供各界參考，對台灣社會的進步，諒必有所助益。

行政院人事行政局前局長　周弘憲

二〇一四年十月十二日

推薦序四

　　榮幸與作者在行政院研考會及考選部有八年共事的機會，受益匪淺。二〇〇八年一起離開考選部公職的時候，他告訴我離開了公務體系，或許有更多更寬廣服務社會的機會；前些日子與其閒聊的時候，他鼓勵我可以發揮知識份子的力量，以知識報國；不到二個月時間，他說即將出版一本《全球展望與國家願景》的書，讓我感到非常的驚訝！但回想起他講的事，好像他自己做到了。如果不是儲存足夠的能量，不到三個月時間發表近四十篇文章，是為何其難的事啊！

　　《全球展望與國家願景》一書，是作者彙集近期在各大報紙發表的評論文章，區分為政治運作、經濟社會及教育文化等三大部分，含蓋了政治、國際關係、兩岸關係、經濟、社會、勞工、環境、教育、文化、行政及國營企業等相關公共領域的議題，不僅有學理的依據，更有其個人獨到的見解。如經由詳細閱讀每篇文章，更可發現作者站在台灣長遠發展的觀點，以人民福祉為核心，沒有黨派的色彩，提出中肯的建言；雖然每篇文章內容不長，但有其前瞻的思維，更有其細微的觀察。這是一本非常值得關心台灣未來發展的社會大眾閱讀的書，更是值得政府官員及各黨派從政人士仔細的研讀與品味。

　　台灣經由幾十年政治、經濟與社會的發展，已到了政治必須重新盤點、經濟必須重新定位，以及社會價值必須重新塑造的時候了。在此關鍵的時刻，作者以其個人豐富的知識基礎及長期教學與從政的經驗，提出針砭建言，更是彌足珍貴！

　　　　　健行科技大學副教授／前考選部政務次長　邱吉鶴

自　序

　　本書共分三大部分：政治運作、經濟社會、教育文化。另附錄六篇，共計六十七篇文章，係作者於二○一二年三月到二○一二年八月，以及二○一四年八月到二○一四年十月，在報紙發表的評論文章，集成一冊。

　　作者專攻政治學與經濟學，擔任大學教授三十多年，並有機會出任政府公職十二年，兼具理論與實務經驗。目前除了在報紙撰稿之外，同時擔任大型智庫顧問，負責一些公共政策的研究。對若干公共政策，稍有涉獵，例如水資源、年金制度、政府施政計畫與預算編製的整合、國營企業組織轉型、憲政體系及行政院組織調整等。

　　政治運作共計四十篇文章，主要依據政治現象及相關學理，提出見解，討論內容除了國內政治，另包括與國內政治息息相關的美國亞太政策、香港政治發展、台日關係、兩岸關係等。經濟社會共計十五篇文章，針對國際經濟發展、中國大陸經濟變遷、台灣經濟社會轉型，提出評析。本書有關環境資源部如何設計、台灣自來水公司組織轉型、政府基金的管理制度、績效評估，政府在經濟社會活動的角色等，均有完整的評析。

　　教育文化共計六篇，除了大學教育、學生運動，頗受矚目爭議的十二年國教、明星高中定位等，依長期大學教學經驗，並曾負責規劃教育政策，亦有分析文章。文化部分，討論政府文化政策及其角色，針對當前文化創意產業、自主性文化活動，政府如何從旁協助，但不過度介入，加以評論。

　　附錄有五篇英文稿，均在英文台北時報（TAIPEI TIME）發表，係該報主動將作者在蘋果日報、聯合報刊登文章，譯成英文刊載。五篇文章中文稿亦列入本書，可相互對照。

　　內附藍綠應相互理解共存共榮一文，乃作者深切體會，國內政治對峙昇高，政治人物、政黨等有必要負起責任，相互理解，降低衝突，嘗試共存共榮。本書除對執政政府提出政策建議，對於主要在野黨民主進步黨，也提出不少建言，例如樹立兩黨政治、影子政府、有計畫培養治國人才、專業理性問政。作者無黨無派，雖曾擔任政務官十二年，但是政治學及經濟學專業訓練，長期規劃執行評估公共政策歷練，深知公共政策攸關國家發展、人民福祉，係全民公共財，超越黨派不偏不倚。

　　作者於二〇一二年九月之後長達一年十個月，未曾撰寫評論文章，除了因為以公共政策委託研究為本業。對於全球發展與國內政治、經濟、社會等變遷等瞬息萬變，自忖先觀察、研究一段時間，再綜合歸納提出見解。二〇一四年八月到同年十月，短短三個月，計在六個國內主要報紙，發表將近四十篇文章，超乎自己的意料。應是對過去二年及未來變局，有感而發。

　　本書所有文章，分別在蘋果日報、民報、台灣時報、聯合報、中國時報、自由時報等刊登。特別感謝蘋果日報杜念中前社長、民報陳永興董事長、台灣時報李啟聰主編，提供寫作園地，聯合報、中國時報、自由時報、英文台北時報刊登文章。

　　家人及幾位知心好友，長期的支持及鼓勵，在人生困頓時給予溫暖，長年一起知識分享、共同工作、相互加持。這些在大學、媒體、政府部門等工作夥伴，是我豐饒人生最寶貴的資產。父母均已逝去，但憶起父母從小身教言教，提供良好學習環境，栽培作者一路順暢，建國中學、台灣大學經濟系政治學研究所、二十八歲取得博士學位。三十四歲升任正教授，四十二歲擔任政務官，四十八歲入閣，有機會與一流團隊、各級優秀文官，共同努力為國家、人民做些許事情。年過六十，回憶往事，心中充滿感謝，長輩之中，李登輝總統照顧及獎掖。蔡政文教授亦師亦友，四十年如一日，關心指導。同輩之中，陳水扁總統在台北市長任內，以及一九九九年到二〇〇二年期間，委以重任，迄今心存感激，樂見陳總統恢復自由之身，與家人共享天倫。

林嘉誠謹序

二〇一五年元月

目次
CONTENTS

002 第二篇　經濟社會

003 ▍第三篇　教育文化

004 ▍附錄

第一篇

———

政治運作

1 藍綠相互理解共存共榮

　　柯文哲醫師有關蔣經國晚年對台灣有些貢獻的談話，引起不少批評。有些團體連署要他公開道歉，收回反民主發言。柯則表示會虛心請教認真傾聽，可是他期盼大家雖有不同的過去，但是能夠藍綠和解，彼此容忍尊重。提出超越藍綠的台北市長選舉，程序及結果是否如柯醫師所強調，改變台灣從改變台北市做起，改變台北市則從文化調整做起。被稱為天龍國的台北市民，是否在寫歷史，國人拭目以待。

　　台灣何時出現藍綠對抗，所謂藍綠究指何物？應該先作釐清，才能了解事實，分析成因，進一步提出化解之道，中止藍綠惡鬥，朝向雙方和解，相互理解共存共榮。

　　台灣並不大，人口也不多，為何有嚴重的政治分歧及社會對抗。早期移民及原住民，移民之中有客家、閩南之分，閩南又有漳州、泉州之別。歷經西班牙、荷蘭、鄭氏父子、清朝、日本等外來統治。移民社會本已內部矛盾，加上外來統治者分而治之煽風點火，衝突不言而喻。

　　國民政府一九四五年接管台灣，一九四九年全面撤退到台灣。以中華民國法統自居，宣佈戒嚴，實施動員戡亂，一黨專政，黨禁、報禁，排除異己。威權統治的特徵：人民沒有充分自由權及參政權，政府重要公職非由人民選舉產生，黨政軍特大權合一，嚴苛對付政治異議人士，有計劃的灌輸意識型態，金錢及地方派系橫行，缺乏強有力的在野政黨及社會多元力量，沒有獨立批判的大眾媒體。

台灣在歷經三十年不正常政治統治，復加長期外來政權殖民統治。泰半的人民政治態度與政治行為模式：對政治存有恐懼感，政治冷漠及疏離，未有現代公民責任感，政治知識水平低落，對民主自由人權的認知及素養有待加強。在國民黨政府一黨獨大，排除異己的政治氛圍下，黨外人士前仆後繼，重要選舉約有三成左右黨外支持者。所謂藍綠逐漸成型。

除了政治體制、社會正義、公共政策等議題，彼此之間大異其趣，國家認同更是火上加油。台灣特別的歷史文化及當前國際環境、兩岸關係，更使得台灣人民對於台灣未來，有涇渭分明的異見。所謂統派、獨派等，其背後又與前述藍綠、甚至族群背景，有些關聯。

民進黨異軍突起，在中央政府執政八年，陳水扁任內風風雨雨，藍綠對抗昇高。行政、立法部門分而抗禮，國家一些重大政策（軍購、核四、轉型正義、政府組織改造等）幾乎停擺。三一九槍擊案、紅衫軍反貪腐、反制力量等，台灣人民之間、朝野政黨之間充滿不信任，對抗衝突迭起。

二次政黨輪替，馬英九主政，大陸政策引起若干民眾的疑慮，陳水扁長期坐牢，社會長久累積的經濟、所得分配、階層、居住、教育、年齡、失業、土地徵收、環境保護等課題，也使藍綠對抗之外，更添加社會分歧、衝突昇高的因素。

執政者責無旁貸，宜主動釋出善意，具體回應各界期盼；民進黨也義無反顧，扮演緩衝角色，務必以國家大局為重，努力扮演影子政府角色，提出具體可行對策，調整激進策略。所謂藍綠鐵桿選民，捫心自問，為何成為政治狂熱、激進人士，只強化自己認同，否定、批判、不願了解及寬容另一方的同胞。

台灣的國內外發展條件，國人絕不宜互損力量，相互尊重寬容，共存共榮，國家社會才有希望。當然對朝野政黨及政治人物，更須課以責任，任何不理性的行為，均予嚴厲譴責。

2 專業能力與本土之愛

　　高雄前鎮氣爆事件，衍出不少問題，例如中央與地方政府權責區分、地下管線管理制度、風險管理、中央與地方政府治理能力與危機處理能力、企業家的社會責任與倫理、目前中央政府領導菁英是否有本土之愛等極嚴肅課題。

　　中央與地方政府權責區分、治理能力等，在此次事件曝顯無遺。高雄市政府在治理能力方面明顯不足，其實或多或少也顯示整體民進黨人士在治理能力的欠缺。政府治理能力的構成要件包括：專業能力、論述能力、領導能力及行政能力。在國際化、全球化、資訊化時代，政府領導人的專業能力必須具備：起碼知識水平，國際認知，前瞻宏觀視野。民進黨的成長及崛起，以推動台灣民主運動為主軸，第一代領袖，充滿對台灣本土之愛，卻乏專業能力、論述能力、領導能力及行政能力。更可惜的是，第二代、第三代接班菁英，上述能力十之八九付之闕如，這是該黨最大危機。尚可告慰的，蔡英文的異軍突起，或多或少彌補該項缺憾。可是該黨上上下下，應該深切檢討，克服非智識取向，甚至反智傾向，該黨未來才有希望。

　　相較之下，國民黨目前及未來領導精英，部分雖有專業能力，但行政能力與領導能力仍有待強化。尤其本土之愛的被人民質疑，甚至真正的缺乏，造成近幾年來，政府失能及弊端叢生。

企業界亦然，當然企業家的要求期待，不必如政治菁英嚴格，但是企業家的社會責任，仍應課予，特別是上市櫃公司，或與人民大眾生命安全、國家政治經濟發展息息相關的企業。台灣企業第二代接班正成型中，這些已接班或即將接班的第二代菁英共同特色：小留學生、接受完整西方教育（特別是技術及管理訓練），可能取得外國籍，家眷泰半在國外。他們專業能力綽綽有餘，青出於藍，公司轉型、經營模式、資本多元化，公司績效有目共睹。但是他（她）們特別需要對本土之愛，起碼的社會企業責任。李長榮化工，復興航空的表現令人搖頭嘆息，第二代接班人的本土之愛絕對是關鍵因素，已是刻不容緩。

民主國家全民參與，但是實際運作，政治與企業菁英仍左右全局。這些人不但要有本文所述的諸種能力，本土之愛更不可或缺。但是純有本土之愛，其他能力不足，也是極為嚴重的問題。個人長期理論及實務的訓練與觀察，提出上述見解。

國家發展雖已不再繫乎一、二人，但是政治與企業菁英影響國家競爭力、國家走向及全民福祉，務必謙卑之心，自知之明深自檢討，彌補不足，才是國家及人民之福。消極上災難降低，危機處理能力提升，積極上政府治理能力提升，企業社會責任強化，國家發展才能逐步走上正軌。

3 政治可怕又無所不在

　　張顯耀在事件之後，有感而發道出：他不知道政治如此可怕！張是政治博士，在政治圈打滾多年，未能體悟政治的可怕面，遑論一般人民。二十多年前，一位閣揆夫人也有類似政治太可怕的談話。政治是否可怕？應先認真思辨政治的本質。

　　政治是眾人之事，民主政治係民治政治與民意政治。依理論或實務，政治與人民息息相關，個人幾乎置身在政治環境。政治已是個人生活中無法避免的部分。暫且不論國際政治、區域政治等更錯綜複雜的環節，純就國內政治而析，政治的本質是什麼？作為國民或公民，不論在何種政治體制（一黨專政、威權制度、民主制度、個人獨裁、神權統治），均與國家、政府、公權力、政府官員等，有或多或少的的互動。

　　選舉期間投票行為，平時政治參與行為，因人而異，介入程度不一，應會影響實際政治，但是政治的本質，權力及權力互動型態，則是固定，鮮少改變。現代民主理論建構在基本人權（自由、平等、參與及受益），政府統治權（中央地方政府權力及區分，行政立法司法三權分立相互制衡）。政府統治權應由人民經由憲法及法律制定，加以授予及限制。政府重要公職經由人民定期選舉產生。政府的公共政策規劃、制定、執行及考核，均需透明。人民有權在各過程表達意見，並有創制複決等公民投票。

政府治理能力接受課責評估，消極上避免國家機關損害人民利益，積極上國家機關、準國家機關（行政法人、公營企業、公設營造法人、事業機構、行政機構、政府轉投資設立的財團法人基金會），及其成員。執行法定任務，發揮所長，提升治理能力，制定優質的公共政策。

政治的權力運作，即是社會性價值的權威分配。雖然民主多元社會，公私部門日愈分離，私部門領域逐漸擴大。但是政府在政治、經濟、社會、文化等層面，均有不可忽視的力量。在全球化、國際化、資訊化之下，政府在國際事務（國內尤其有兩岸大陸事務），代表人民行使部分權力。因此每位國民幾乎與政治長相左右。生活各環節（經濟活動的生產、消費、交易、分配；非經濟活動的教育、休閒、生老病死），與政治密不可分。

稍稍思辨政治的本質，認真理性了解，政治不僅是可怕恐怖，真正核心在於無所不在。每位國民如何智慧與政治共處？人民先有此認知，發揮公民力量，約束政治人物，不可為所欲為，政治的可怕恐懼或許可降低一些。

4 健全國安功能　莫無的放矢

　　張顯耀涉洩密案，各界譁然，包括民進黨等部分人士的反應，言過其實，除了推波助瀾，對於釐清事實及彌補張案可能衍生兩岸關係受損、國安系統的指揮是否失靈、國安系統的組織與功能運作如何強化等極嚴肅的課題，完全沒有助益。難怪不少人對民進黨等見獵心喜、見縫插針、甚至指導司法辦案，頗不以為然。

　　國安系統維繫國家安全，負責國家安全大政方針及實際情治統合指揮及功能運作。國安系統成員應以國家安全及國家利益為重，小心謹慎執行國家人民法定付予的任務。主要政黨及全體國人雖有監督責成國安系統不要發生運作失靈或做出損害人民權益的情事。但必須體悟國安系統的重責大任，維護國家安全及人民福祉，在錯綜複雜的國際政治經濟環境，極為特殊的兩岸關係之下，戰戰兢兢全力以赴。

　　我國國安系統的建構與轉型，與國內政治變遷有密切關聯，由昔日威權體制到總統民選的民主體制。憲法原本傾向內閣制而逐漸往總統制傾斜，也影響國安系統的組織定位與功能。

　　民進黨執政時期曾一度欲強化國安會研析功能，擴編人員，可是實際運作，國安局等情治機構，國防部、外交部、陸委會等員額、預算、專業能力等，遠超過國安會及國安會祕書處。各相關次系統如何整合，攜手合作，其實已有共識及作法。

　　張案發生，固然要檢討國安系統的組織與功能是否發生問題、問題原因何在？如何彌補，應理性思考，絕非危言聳聽，漫無邊際的無的放矢。政府府也宜痛定思痛，將來龍去脈公諸於世，朝野齊心努力，健全國安系統的組織與功能。

5 推動另類的正名運動

　　十二年國教引起社會各界廣泛爭議，政治人物也推波助瀾。十二年國教的爭議核心，其實是碩果僅存屈指可數的明星高中如何招生問題。所謂比序、先免後特、取消特招，過程曠日費時等，均是必然衍出的課題。但是整個爭議背後隱藏相關概念的混淆不清，造成當事人無法理性認知，爭議層出不窮，頗值正視。其實國內類似概念模糊，用字遣詞大有問題，所造成社會及政治衝突升高的情事，不勝枚舉，有必要推動另類的正名運動（與台灣本土社團正名運動區隔）。

　　以十二年國教為例，所謂十二年國民義務教育，既是國民義務教育，應該免費及免試。高中部分自費與完全免費已大異其趣。所謂免試更是不能一蹴可及。學力測驗（會考），即是某型態的考試（往往被導向免試），才有一免、二免等誤會。特招（特色招生）當然免不了考試，明星高中僧多粥少，如何招生，在諸種考量（公平、維持學生素質、既存社會互信認知不高等），某種型態的考試，勢不可免。

　　學理的特色考試，在少數明星高中之外的高中職，則可適用，總而言之，也是一種考試。目前的爭議焦點，有人振振有詞指出會考只是國中三年的學力測驗，提供升學的參考指標之一，其他智育之外，仍有體、群、德、美育指標。換言之，會考不是所謂正式考試，符合免試精神。政府相關當事人應勇於負責，向人民報告，現階段十二年國教的本質，面臨哪些挑戰，坦然跳出免試等文字框架。人民與媒體也一起努力，推動正名運動，消極上不再文字遊戲，政治語言充斥，積極上是種全民教育，理性思辨問題，真理愈辯愈明。

其他類似情事比比皆是，例如目前頗受爭議的自由經濟示範區立法，自由經濟示範區應包含哪些項目：農產品、醫療、高教、物流業。包括哪些地區，適用哪些優惠法規，行政授權彈性等，仁智互見眾說紛紜。其實追根究底，自由經濟示範區有無必要設立，此一名詞字義欠明才是主因。國內冠上自由貿易港區、科學園區、工業區、生物園區、農業園區等名稱不下數十種。有識之士對於此種巧立名目措施，頗不以為然。中央與地方政府漫無目標，各類各型專區總面積已達三個台北市大，內部問題叢生（炒作土地、閒置廠房、管理不當等）。土地徵收，沒有整體國土規劃、都市計畫及更新配套。沒有總體產業發展策略，缺乏具體績效考核等，也是眾所皆知。國人也宜展開正名運動，將不下上百個所謂專業園區做總歸類。

政府在組織改造時，曾有正名運動，將政府組織屬性，名稱做完整的規劃。包括行政機關、獨立機關、行政法人、行政機構、事業機構、國營企業等公司（財團）法人，大學、醫療等特殊營造物法人。均在中央政府組織基準法、相關行政法等明文說明。以往包括公務員也不易了解的機關名稱，例如部、

會、署、局、分署、分局、處等,均有一目了然的規定。正名
運動的重要性不言可喻,媒體、學術界、民間團體也責無旁
貸,齊心協力。政府組織改造即是顯例,法規層次工作大功告
成,公務員泰半進入狀況,人民的認知與了解則待加強。

　　學術建構語言與日常生活語言,本質有異,後者正名運動
困難重重。但是進步國家文明社會,兩者的趨近日益明顯。國
內自然科學建構語言相當成熟,社會科學(尤其經濟學)也不
遑多讓。學術界義無反顧,應秉持知識份子良知,推動另類正
名運動。將與公共政策相關的概念,用字遣詞,完整釐清。政
治人物不可火上加油,刻意混淆視聽,動則提出不負責任的箴
言或名詞。針對特定議題,詳加分析,另類的正名運動已是不
可或缺的全民運動。

6 中央地方政府橫向失靈縱向失能

　　餿水油事件愈演愈烈，不少知名度頗高的廠商紛紛中箭下馬，消費者更是人心惶惶，人民對於各級政府怨聲載道，要求相關官員負責。行政院長江宜樺除了數度公開向國人致歉，並表示衛生福利部長邱文達已正式請辭，肩負應有責任。整個餿水油事件再次凸顯各級政府彼此之間縱向領導，以及內部橫向聯繫的嚴重失序，造成總體政府的失靈及失能。

　　政府依其區域設置中央政府及地方政府，地方政府設計依其性質而異，我國目前地方政府直轄市及省轄市之下，除了原住民地區之外，未設地方自治法人（公所）。縣政府之下則仍設鄉鎮公所，因此我國只有三級政府，在都市地區，僅有二級政府，與不少歐洲美國日本等國家比較，已經單純許多。中央政府與地方政府如何職權區分，並秉持地方自治的民主原則，的確煞費周章，必須精心設計。憲法、地方自治法、各級政府自治條例等，雖有明文規定，但是法有不足之處，加上各地方政府財政等狀況不一，必須仰賴中央政府統籌部分稅收及經費補助，中央政府與地方政府職權區分，有其模糊不清之處。現代國家，愈來愈多業務由中央政府規劃、立法，地方政府執行，再由中央政府考評。但是地方政府自治，中央政府的考評，通常沒有強制性，僅供民眾參考。

　　由於中央政府與地方政府職權分工，由分層式調整為所謂大理石式，發生不少職權重疊，或三不管地帶的現象。例如此次食安危機，依據食品衛生條例等相關法規，衛生福利部及所屬食品藥物管理署，以及各縣市政府衛生單位，平時均有一定職責，因此發生事件，均須追究負責。屏東縣政府最後自承有失責之處，中央政府相關部會更是責無旁貸。衛生福利部及行政院環境保護署為了廢食用油由誰主管一度互推責任，最後由環保署負責。高雄市前鎮氣爆事件衍生中央政府與高雄市政府互相推衍塞責，地下管線、污水下水道等業務，中央政府與高雄市政府容有重複之處或三不管欠明之處。雙方才有藉口互指不是，自我卸責。

　　對於人民而言，政府只有一個，不論中央政府或地方政府內部如何區分職責，人民要求政府提供生活保障、基本福利措施、衛生教育條件、必需的公共建設等，不會考慮哪些是中央政府負責，哪些才是地方政府工作。台灣目前現況，中央政府與民進黨籍縣市長主政縣市政府，諸多扞格不入之處，觀之其他民主國家，此種現象不必大驚小怪。可是國內長期藍綠對抗，此種現象卻有走火入魔，每次事故發生，雙方此種罔顧尚待救助人民，卻互相指責逃避責任，絕非民主國家的常態。

　　中央政府或規模較大的地方政府，因為職權、業務龐大，必須分官設職，所屬機關數目不少。例如行政院所屬部會二十九個，各部會所屬三級機關、四級機關等超過二百個，另有公

營企業、公股轉投資公司、財團法人等，係一龐然大物般政治
機器。規模較大的地方政府，例如台北市政府、高雄市政府、
新北市政府等，所屬二級機關、三級機關，不下於五十個。此
種政府部門是否有效運作，考驗首長的智慧、領導能力、行政
決策能力。內部各機關、單位的橫向聯繫良否，包括行政院
長、各部會首長、直轄市長等，縱向領導更是不可或缺，頗為
關鍵。政府失能及失靈，除了結構因素，缺乏橫向聯繫的行政
文化及首長縱向領導能力不足，應是主要原因。各級政府之
間，權責欠明，橫向聯繫不佳，甚至刻意對抗，中央政府有限
的領導權、考核權，也是問題重重弊端叢生主因。

　　不論中央政府、各級地方政府，彼此之間，以及中央政
府、地方政府所屬機關、單位，樹立橫向聯繫的行政文化，十
分必要。各級政府內部縱向領導，以及中央政府對於地方政府
的有限領導也宜強化。包括食安危機、高雄市前鎮氣爆、屢見
不鮮的公共安全事故等，才不會歷史重演。況且人民對於政府
的課責，不僅消極提供保障，另有更積極作為的期待，政府效
能更形重要。

7 看到政治善良的力量

　　近年台灣災難連連，人禍不斷，例如近兩個月內的澎湖復興航空空難，高雄前鎮大氣爆，共奪走將近九十條寶貴生命，造成不少人心惶惶。政治上更是負面消息不斷，二十年來實質所得未提高，青年高失業、低薪資、延緩加入就業市場。結婚延後，育兒率偏低，人口加速老化。房地產不斷漲價，人民望屋興嘆，政府束手無策。江宜樺內閣成立不到兩年，已有十九位部長級政務官鞠躬下台，因素包括：抄襲、緋聞、理念不同、有志難伸。最近張顯耀事件，更是鬧得滿城風雨。

　　政治上藍綠惡鬥從未中止，立法院幾度停擺，太陽花學運期間，行政院、立法院均被攻佔或長期佔據。國家最高行政、立法機構，威權蕩然無存。高雄氣爆事件之後，人民身陷水深火熱，若干政治人物卻互推責任，相互指責，罔顧嗷嗷待哺的災民。

　　列上不堪回首，令人搖頭嘆息的諸多現象，並不是要唱衰台灣，而是在同一時期，也看到政治善良的力量，或多或少有形無形正提昇國內政治水平，有助於民主政治、國家發展。

　　王金平拔官案後，總檢察長遭起訴判刑，王暫保院長大位。司法獨立超越黨派功不可沒。交通部打贏國民黨黨產官司,也是顯例。高雄氣爆事件,檢察官抽絲剝繭,追訴李長榮化工及高雄市政府失職人員。張顯耀案發生之際,雖有匪諜、洩密等爭議,經由司法及情治部門的釐清,真相逐漸大白,有助於損害的降低。

勞動、教育兩位部長新人新政,上台不久即有好的政策佳績。勞動部長陳雄文在資方百般不願之下,協調勞資雙方,正式調薪3.84%,基本工資超過兩萬元,基本工時一百二十元。雖然勞資雙方均不滿意,但可接受。本來受限於3%CPI門檻,經由新勞長積極溝通協調,有一些成果。

專長策略管理的新任教育部長吳思華,在包括學生、家長、老師,甚至地方首長等一片譁然聲中,妥善將十二年國民教育今年施行的缺失,極短時間內做出新方案。免試比例、國中會考成績、志願序、一次分發到位,台北等三區各行辦理特考並自行命題,會考成績當門檻,加考一至三科。

首善之區的台北市長選舉,兩位政治素人從過去的人身攻擊,逐漸調整為政策之爭:社會住宅、自行車道、公民參與、開放政府、透明預算、青年創業、老人長期照護、托育政策,雖令人目不暇給,卻是良好選舉示範,台灣要好從台北做起。

政治人物、政黨將國內政治搞得烏煙瘴氣,欣見台灣各角落仍有清流及善良力量。國家進步有賴這些力量的擴散。政治人物相形見絀,只扮演消極不礙事角色,令人汗顏。

8 智庫的角色與功能

　　美國紐約時報日前在頭版披露，至少十餘間知名華府智庫近年收受外國政府巨額捐款後，敦促美國政府採納有利捐款國的政策，不僅使智庫的中立聲望蒙塵，還有違法之虞。這些收錢機構包括著名布魯金斯研究院、戰略暨國際研究中心等重量級智庫。捐款國主要來自歐洲、中東與亞洲，產油國挪威、卡達、阿聯捐款尤多；報導同時指出，二〇一一年迄今，美國有二十八家大型研究機構接受至少六十四國政府捐款，總額至少九千二百萬美元（約二十七點六億台幣）。有智庫學者坦承，曾遭高層施壓做出有利於研究出資國的結論；甚至有國家在合約中明訂，接受捐款的智庫不得批評捐款國。

　　美國智庫的政策分析研究向來是國會議員、行政官員制定政策的重要依據，因此才引起一些國家積極與這些智庫接觸，各式各樣的合作：捐款、合辦研討會、人力交流、高格調邀訪。美國智庫乃是美國文化之一，除了大企業捐款成立，大型規模，許多曾任政府公職者，以智庫為中繼站，有朝一日，被延攬出任政府要職。因此研究報告的影響力之外，人的功能也不可低估，而且美國國內企業、團體等重視之外，美國是世界強權，外交政策引人注目，影響力超越國界。外國政府以各種方式接近，不言而喻，包括台灣政府、在野民進黨，也不例外。

美國智庫運作方式，角色與功能，頗值得參考。大型智庫雖有政治偏向，但政策分析力求客觀中允，樹立權威性及可信度。人才引進不遺餘力，包括新人培養或資深研究人員晉用。美國政府政治任命官員層級廣泛，以我國政府層次比較，各部會副司長、司長、次長、副部長、部長等均是政治性任命。白宮內部例如國家安全會議、經濟顧問委員會、科技顧問等，也任用為數不少官員。當所屬政黨鞠躬下台，不少政治性任命官員被智庫所聘用，政黨重獲政權，出仕機會不低。此種政治交流模式，使智庫成員不但有學理基礎，另有實務經驗。政策研究與一般大學等研究機構稍有差別，後者偏向學理，前者則以問題導向，並提出政策建議。

台灣大規模智庫屈指可數，而且十之八九偏重技術導向，例如工業技術研究院、資策會、農業研究院、商業研究院。這些機構不少係由政府出資設立，由政府一次撥款成立（通常與民間部門合作），也有每年政府分批撥款。純粹民間智庫泰半規模不大，專職人員有限，經費不多，影響力相對有限。二十多年前，張榮發先生捐款設立的國家政策研究中心，十分罕見；已成立多年的中華經濟研究院、台灣經濟研究院、台灣綜合研究院，被視為目前三大智庫，均偏向經濟政策研究，但領域十分廣泛。人員、經費、組織規模、活動、研究成果等，均令人刮目相視。

　　兩大政黨所設立智庫，國民黨的國家政策研究基金會，民進黨的新境界文教基金會。前者規模較大，後者近期改組後，潛力不容忽視。只是政黨所轄智庫與民間大型智庫，性質仍有不同，前者為其政黨服務，後者則否。民間大型智庫，經費來源、人力資源等均煞費周章，現階段而析，經費不少來自接受政府機關委託研究，因為國內提供公共政策研究，以政府部門為主，有其事實必要性，政策規劃、制定、執行、績效評估，均須研究國內外相關學理、實務經驗，純由政府內部人員，無法勝任。民間智庫有相輔相成互補作用。

　　大型智庫的角色與功能，務必釐清，客觀性、研究品質、可行性等不可或缺。但是過度仰賴政府部門委託，可能有損上述角色及功能，智庫的主事者心知肚明，如何拿捏，考驗智慧。人力資源不足，底層研究人員流動太快，知識累積不利，中、高階層研究幹部，仍然學位掛帥，缺乏政府部門歷練，對於政府運作未有效了解，提出的政策建議，採用打了折扣。經過兩次政黨輪替，政務官人數增加，機要人員也不少，可填補大型智庫的不足之處。

　　公共政策良否攸關國家發展、人民福祉，現代社會，公共政策具有高度專業性，公共政策必須事先仔細研析可能方案、如何執行、利弊得失、掌握時間、翔實控管。智庫角色與功能不可或缺，日愈重要，可是智庫也要自我提昇，才能名實相符，勝任愉快。

9 台灣的國際處境及對策

　　郝柏村說國際現實環境，台灣前途就是中華民國前途，由全體中國人民共同決定。引起本土人士一片譁然，郝龍斌馬上打圓場表示，他的父親所述，係指在九二共識前提之下，中華民國前途由全體國人共同決定。

　　理想與現實，如同香港泛民主派的憤怒與無奈，雙普選（特首及立法局議員），絕對符合普世民主人權價值，公平的選舉權、被選舉權及等值參政權。但是政治現實（中國強大、英國等國際社會影響有限、香港人民支援程度力道不夠等），香港民主前途仍然未卜，事與願違可能機率不低。

　　同樣地在台灣，儘管台灣前途已討論數十年，開羅宣言、波茨坦協定、舊金山和約、中日和約等法律或事實，國民政府自一九四五年接管台灣。一九四九年撤退到台灣、法統中國、動員戡亂時期、臨時條款、長期戒嚴、萬年國會、威權統治、大一統教育灌輸。解除戒嚴、開放黨禁報禁、國會全面改選、人民自由權及參政權大幅改善。終止動員戡亂時期，廢除臨時條款，總統直接民選，多元化社會逐漸成型。二〇〇〇年首度政黨輪替執政。

　　二戰之後，台灣面臨的國際環境，迄今未有太多改變，尤其一九四九之後。東西冷戰、美蘇對抗,兩大集團壁壘分明,國民黨政府以法統自居,堅守民主陣營。一九七一年退出聯合國、一九七八年台美斷交,台灣的國際地位日愈降低,李登輝本土政權也無力回天。務實外交,特殊國與國關係的兩國論,對台灣外交突破均助益有限。

民進黨陳水扁政府,從四不一沒有到一邊一國,踩到美國紅線,激怒中國,兩岸關係降溫。中國堅持一中原則及準務實對台政策,兩岸經貿、人民等不可避免的交流,即使民進黨主政時期,兩岸也有小三通、貨航等非官方協調。兩岸經貿額度激增,台灣廠商赴中國投資有增無減,民間交流的幅度及深度提高。

中國拒絕官方對談,公佈反分裂國家法,兩岸在二〇〇八年之前,未有官方正式協定。第二次政黨輪替,馬英九政府在險峻的國際環境,對美、對中政策如何平衡,煞費心機。國內民意雖然傾向台灣主體性,但是中國政治、經濟等實力的高漲,任誰也不能低估。美國從阿富汗、伊拉克撤軍,有重返亞洲的構想及戰略,台灣是美國重要的安全及經濟夥伴。

馬政府放寬美牛進口、表態參與TPP,又積極與中國簽訂ECFA,服務貿易協定、貨物貿易協定逐次完成。引起國人仁智互見,太陽花學運,五十萬人民走上街頭,台灣如何與中國相處,再次成為矚目的焦點議題。

美國困陷中東(伊斯蘭國、利比亞內戰、以巴衝突),烏克蘭內亂,俄羅斯普丁與美國、歐盟對峙。中國習近平等接班完成,以國際及區域大國自居,在東海、南海掀起波瀾。

　　台灣在國際現實環境之下如何自處？理想與現實，兩者不可能兼具，但是更不可完全區隔。考驗朝野政黨、全體國人的智慧與抉擇，不能只是放言高論，一切步步為營小心謹慎。

10 美國態度與台灣總統大選

距離二〇一六年總統大選，還有一年多時間，美國在台協會前理事主席卜睿哲日前在華府表示：美國政府會在某個時間以某種方式，針對二〇一六年總統選舉結果對美國利益的影響表達意見。卜氏係極具代表性的美國台灣通學者及政治人物（尤其民主黨政府），雖然民進黨發言人重申我們的前途我們自己決定，美國內部對於如何界定國家利益有很多不同的看法。但是稍具國際知識，了解美國政治運作者均知悉，卜睿哲談話所衍生的重要政治意含。相信對美國政治實貌一清二楚的蔡英文主席，對美國民主黨政府提前在此時打預防針，其中奧妙心知肚明。

也許是種無奈，卻是鐵的事實，一九四五年台灣從日本手中轉入中華民國國民政府。一九四九年成為中華民國唯一基地，台灣的命運，從未完全由全體台灣住民決定，美國與中國（中華人民共和國），係六十多年來，左右台灣前途的重要因素。經過數十年發展，全球第一、第二大經濟體的美國、中國，對台灣的影響力，更是有增無減。

國際政治的實況，大國支配全球性或區域性政治經濟運作，美國中國在可預估的未來，應是全球、亞太地區的強權。

兩者相互競爭又合作，台灣國力有限，國際地位又相當特別，任何有智慧的政府領導人，只能務實地在美、中之間，找尋有利國家安全、國家利益的均衡點。這是全球化、國際化、資訊化之下，任何大國之外國家共同命運，故而，台灣人民也不必怨嘆台灣人的悲哀。

欲擺脫台灣人悲哀與宿命，首要工作應是認清事實，人民可以主觀期盼，負責任的政黨及政府領導人則宜理性規劃，不可草率行事。民進黨如果要在二○一六年總統大選脫穎而出，兼顧全局的中國（大陸）政策，對美政策，均不可或缺，不似一般大眾高喊自己國家自己救即可。二○一二年民進黨在總統大選已嘗到苦果，相信小英不願意重踏覆轍。況且這不僅攸關民進黨是否重返執政，而且與台灣全體人民的利益及前途息息相關。

其實，卜睿哲全文談話，已包括過去美國政府在歷次台灣總統大選的重要言論。美國的外交政策向來思路清楚邏輯一致，美國的根本利益在於西太平洋地區的和平與穩定，其中包括台灣海峽、中華民國政府的政策等，美國希望見到的是推動和平與安全的政策。卜氏應比包道格更具代表性，對國內兩大政黨也沒有特別偏見。美方所顧慮二○一六年台灣總統大選結果可能改變台灣在美中互動中扮演的角色，也可能改變美中台三角關係的性質。站在美國的立場，希望不論國民黨或民進黨候選人，何者當選執政，均能在美方框架之下運作。

　　美國政府所以提早出手，應是防患未然，也是善意提醒。中國對台灣的影響力日愈昇高，公開表示重返亞洲，提出亞太平衡新戰略的美國更不可能缺席。

　　國內民眾及領導人均宜體會國際現實，發揮智慧，尋求台灣最大利益。美國的預防針，對民進黨及若干支持民眾，應有惕勵作用。

11 台日是否命運共同體？

　　李登輝前總統分別在日本大阪、東京發表演講，吸引上千日本人聆聽，李以未來的世界與日本為題指出，過去美國為世界唯一的霸權國家，但二〇〇一年的九一一事件，二〇〇八年雷曼衝擊等，宣告美國世界獨霸時代的結束，也讓美國喪失單獨牽引世界的力道。二次大戰後，日本在憲法第九條非戰條款之下，完全被美國保護，但在美國逐漸失去世界獨霸及中國等新興國家抬頭的時候，從另一個角度看，目前可能是美國需要日本協助的時代，安倍首相上台後，決心行使集體自衛權，同時也計畫修正憲法第九條的非戰條款，這種勇氣值得佩服。李進一步指出，日本必須擁有自尊和自信，才能對東亞地域帶來穩定與和平，也會為台日帶來更好的關係，台灣和日本是命運共同體，日本好，台灣當然也會好。

　　本文為何如此詳細引用李先生演說內容，因為李先生的台日是命運共同體，支持日本修憲保有戰力，不能把國家生存權交給別人手裡，保有戰力並不代表戰爭，保護國家是元首責任。前後呼應，邏輯一貫，別有用心之人，極易斷章引義，截取其中文字，大力抨擊。相信國內不同意見者及中國大陸均不會保持沈默，果然不出所料，國內媒體出現不同聲音，例如李登輝的戰略觀極危險，李在G零時代寫史？挺日世界觀激不起漣漪等，此起彼落。

包括日本國內，對於日本是否行使集體自衛權，修正憲法第九條的非戰條款，本來就是眾說紛紜，遑論中國、韓國或台灣人民。美國政府表態支持，因為符合美國國家利益，美國雖有重返亞洲，提出亞太發展平衡新策略，中國崛起，中東問題尚未解決，美國國力已不如往昔，需要日本一起努力，李先生深具國際觀，又是日本通，日本人敬重的政治家，安倍首相也禮遇有加。他鼓勵日本應早日從戰後自虐價值觀中解放，成為正常國家，其結果將使東亞地域更加安定，日台都將因此獲益。一位大阪台僑撰文指出，由於李先生本身就是一位好學不倦、飽覽群書的哲人學者型政治家，演講中引經據典娓娓道來，將曲折複雜的台日關係及世界局勢闡述分明，鞭辟入裡，聽眾掌聲不絕於耳。此種描述，一點均不言過其實。

至於國內有人批評李先生（老人）對G零時代充滿憧憬，悸動不已，聽聽就好，台灣本來就是人言言殊的自由社會。何謂G零，稍具國際常識者耳熟能詳，的確在國際社會爭議不休，以作者有機緣與李先生相識三十年以上，承蒙厚重，相信對李先生的了解不少，包括李先生或作者，相當掌握國際政治經濟發展，充分了解美國及中國兩大國影響全球及亞太地區。誠如有關專欄所稱龍騰虎躍大國博奕，日本如何向前走，台灣夾在美國、中國、日本等之間，又如何找到國家最大利益，這些均須智慧，集思廣益，不宜太多意識型態。

　　台日是否命運共同體，不是台灣一廂情願，況且台灣內部仍有分歧，日本面對中國來勢洶洶，也自有考量，可是台日長期關係，日本戰略考慮，台灣及日本關係重要性，不言而喻。李先生的用心，部分國人心存感激，別人如何思考，不得而知，起碼作者如此。

12 由蘇格蘭獨立公投談台灣民主前途

　　蘇格蘭獨立公投引起全球的關注，包括台灣在內的世界媒體近月來連篇累牘報導分析。英格蘭、蘇格蘭再度成為國際焦點，這是曾經日不落國的大英國協，除了王室成員風風雨雨事件（例如黛安娜王妃事故身亡、伊莉莎白女皇登基60年），最受國際矚目的新聞。

　　面積約台灣兩倍大的蘇格蘭，78、772平方公里，人口五百三十萬，僅占大英王國六千三百萬的8.3%。平均國民所得四萬零二百美元，擁有北海油田九成，威士忌最大出口國，第三大鮭魚產地，每年觀光收入九十億英鎊。金融產業十分發達，蘇格蘭銀行產業資產規模與蘇格蘭經濟規模比1250%，與英國500%，美國100%相較，可見其金融產業的規模及重要性。

　　除了土地、人口、經濟自主條件等均具主權國家要件之外，國民意識及國家認同，也是主權國家是否穩定不可或缺要素。蘇格蘭與英格蘭於一七○七年簽定聯合法案成為一個國家，經過三百多年變遷，蘇格蘭地區民眾卻始終有其文化及國族的認同。與英格蘭地區部分格格不入，例如：政黨偏向工黨、喜好尊嚴自主等非經濟層次文化、人民仍具有濃厚蘇格蘭意識、自認為受到大英格蘭地區民眾及政治人物的排擠歧視等。

　　二〇一二年十月，英國首相卡麥隆與蘇格蘭首席部長薩拉馬共同簽定蘇格蘭獨立公投協議，係自一九九七年蘇格蘭設立自治議會之後另一重要里程碑。二〇一三年十一月發表蘇格蘭的未來：獨立蘇格蘭指南；更民主、繁榮、公平社會的蘇格蘭。獨立公投如火如荼展開，英格蘭人主政的英國政府同意蘇格蘭獨立公投，雖然過去加拿大魁北克獨立公投等屢見不鮮。但是曾經在政治史創下不少先例的大英帝國，此次也締造若干典範。一二一五年大憲章、上下議會制、虛位元首、責任內閣制、日不落國大英國協、美英同盟等。英國在人類政治發展史有其不可忽略的一頁。現實國際政治，英國雖不再類似美國、中國等政治經濟強權，在歐盟與德國、法國家長期存有芥蒂，目前甚至醞釀退出歐盟。國際影響力式微，如果再分為二，國力更打了折扣，這也是主張統一的英國政府，以及包括美國、歐盟主要國家均不樂見蘇格蘭獨立另立門戶。

　　蘇格蘭獨立公投樹下不少政治典範，但誠如經濟學人雜誌所述，與其他政治領域事項一樣，公民投票引發的問題大於答案。蘇格蘭民眾如果獨立公投成功，馬上面臨貨幣是否改變、財政債務、石油分配、金融市場、參與歐盟與否、現行醫療教育、社會保險福利等措施改變。和平理性的獨立公投過程與結果，的確給予世界不少國家人民（包括台灣人民）對於獨立公投的新認知及評價。

　　但是英國獨特的政治文化與民主政治傳統，所處國際環境又得天獨厚，蘇格蘭獨立公投經驗能夠移植其他國家多少，尚是未定之天。台灣國家前途及民主發展，主權變更的公民投票及法律政策變更的一般性公民投票，在學理或實務，均扮演十分關鍵角色。

　　台灣即使在民進黨執政，公民投票法仍未包括主權更動的公投，其他一般事項公投，通過門檻太高，有鳥籠公投之稱。加上美國、中國等國際因素，類似蘇格蘭獨立公投，台灣人民頂多稱羨不已罷了。目前應該努力的，以降低一般事項公投門檻，直接民主，彌補代議政治不足，有助台灣民主前途。

13 香港民主發展前途未卜

　　中國全國人大常會於八月三十一日通過二〇一七年香港特首普選辦法的框架。此框架不僅封殺民主派主張的公民提名（公民連署提名特首候選人）機制，且限制候選人須獲中國北京當局掌控的提名委員會過半數委員支持。至於特首候選人要件是愛國愛港，人數以二至三人為限。提名委員會參照現行選舉特首的選舉委員會模式，由四大界別分組組成，人數約一千二百人。成員應以親北京商政人士為主。

　　香港自一九九七年回歸中國，雖有中英共同聲明及基本法等保障，採所謂一國兩制模式，維持與中國迥異的政治經濟制度。但是隨著中國的強大，中國人民大量進入香港，逐漸改變香港生活型態。中國在香港政治經濟社會支配力與日俱增，香港雖有原存及近幾年發展的政經社會力量，例如泛民主派人士及學生等社團。但是建制派議員仍是立法局多數，香港中上社會，泰半仍以與中國和平共處不公然對抗為主軸。

　　今年六月民間政改公投人數高達七十八萬人，七月大遊行五十一萬人，創下十年新高。但是中國當局立場堅定不為所動，不惜犧牲也不讓步。近兩個月期間，處心積慮塑造親共派勢力反制，泛民主派人士被查稅、詢問等屢見不鮮。非民主國家執政當局對於政治異議人士的手段紛紛派上用場。

泛民主派不甘示弱，號召佔領中環行動號角響起，要求抗爭的人要準備接受暴力，為爭取民主作出犧牲。中國當局也以香港會有一些事情發生，中央有充分心理準備，包括駐港部隊協助香港社會秩序。未來幾天情勢發展，頗值正視，香港是否爆發類似六四天安門事件，對香港未來民主政治發展，是福是禍，均是未定之天。

九七之後的香港，以一國兩制為模式，有其一些意含：包括對台灣的統戰，香港當時仍是中國南方國際門戶等。中國國力高漲，尤其習近平世代掌權之後，對內大肅貪，排除異己，以媒改為名，規範整頓包括網路在內的媒體，重塑威權式的媒體環境，避免網路社會失去控制。對異議人士變本加厲，完全不顧國際社會的抨擊。香港的國際門戶地位，也因上海、天津、青島等崛起，重要性不如往昔。

對中國而言，所謂一國兩制，當然要有新的詮釋，一國就是中國，香港係具高度自治權的地方行政區域。對外事務權力唯一來源，中央政府依法做出授權。香港部分人民欲特首直選，但須在中國框架之下：由提名委員會提名，愛國愛港，人數不超過數人。香港人民僅就經由層層篩選之後有限候選人加以選擇。與民主國家或香港泛民主派所期待，大異其趣。

中國官方媒體指出，香港沒有剩餘權力，香港政改面臨攤牌，國家豈會後退。香港建制親中人士大肆抨擊幻想必須打掉，不與漢奸港獨為友。

　　由中國處理香港方式，充分顯示中國當局的作風及施政走
向，與處理西藏、新疆事務沒有兩樣。對台灣仍持強硬及半務
實態度，也反映近年來對台政策。台灣人民當然有權支援香港
自由化、民主化。但是政府礙於現實，能夠的做為，其實十分
有限。

14 民進黨應專業理性問政

　　民進黨日前在黨中央召開例行性的重大議題協調會，討論本會期優先法案。由於立法院尚未召開委員會，四十位黨籍立委僅有九位出席，讓民進黨主席蔡英文有點不悅。蔡表示如果我們黨內四十個戰力最強的立委，連討論都不出席，怕會辜負人民期待。

　　民進黨想執政，就要從執政角度看待問題。這完全正確，民進黨曾在中央政府執政八年，培養不少治國人才，小英即是其中佼佼者。近幾年，國民黨政府執政成績欠佳，人民怨聲載道，可是民進黨的政黨形象並未相對水漲船高。理由何在，不言而喻，因為人民對民進黨的信任感及執政能力評估，並未提昇。

　　民進黨立院黨團成員，不乏中生代菁英，可是整體戰力大打折扣，除了佔據議場引發爭議之外，其他乏善可陳。小英希望立委能有多一點論述的能力，本是天經地義理所當然。但卻有立委反映，現實政治環境，立法院必須快速地回應政治攻防，沒有太多論述空間。此言差矣，論述能力及表達，空間不限立法院內，立委們上call-in，或撰寫文章，或多或少即可顯現論述能力的多寡。

　　國民黨是執政黨，除了該黨立院黨團，整個行政院及各部會，總統府、該黨智庫，集思廣益匯整成國民黨基本政策主張及立場。民進黨在二〇一二年立委選舉稍有嶄獲，共有四十席，很有機會扮演影子政府角色。可惜黨中央未能深慶得人，所屬智庫及政策會未能適時提供素材。立委們問政之外，服務選民，分身乏術，加上論述能力必須長期累積實力，非一朝一夕可及。專業能力、政治及行政歷練、基本國際觀、宏觀視野等，日積月累自我努力才能達到起碼水平。

國民黨的執政團隊，晉用的潛規則十分清楚：博士學位、非法政科系背景、政務官或高級常任文官歷練、大學教授、社團或企業菁英等。即使有這些門檻，如果沒有領導及政治敏銳度等天賦，仍是無法勝任。例如江宜樺內閣二年不到，已更換20位部長級政務官。如此高門檻尚且慘不忍睹，相形之下，民進黨唯有加倍努力，調整反智傾向文化，否則重踏二〇〇二年到二〇〇八年中央政府執政覆轍，不但無法在二〇一六年總統大選如願以償，即使因為國民黨執政成績不佳，因而執政，能否符合人民期待，民眾不敢寄以厚望。

小英主張影子政府理念，係民進黨扭轉形象，邁向執政之路的唯一契機。該黨立院黨團責無旁貸，尤其不分區立委義無反顧。除此之外，智庫及政策會，禮賢下士，多方接觸民間團體、企業界、學術界等有志之士，民進黨才能脫胎換骨，取得二〇一六年總統大選入場券。

主要在野黨專業理性問政，確立兩黨政治模式，對於國家民主發展，必有良好作用，為時不晚，國人拭目以待。

15 彭明敏先生的未竟之功

　　連續兩個周末參加彭明敏文教基金會主辦「台灣人民自救運動宣言五十周年紀念學術研討會」、「台灣人民自救宣言五十週年紀念音樂會」。前者由九位學者提出論文，討論台灣人民自救宣言的時代背景、內容、意義及影響等。後者安排包括雨夜花、補破網、黃昏故鄉、阮若打開心內的窗等頗具時代意含膾炙人口的歌曲。並穿插日本戰爭歌曲、蔣介石威權統治的政治教育歌曲，回想四、五十年前中、小學時代。

　　你是否聽到人民的聲音、阿爸的心肝、捷克音樂家德弗札克新世界交響曲念故鄉、芬蘭音樂家西貝流士芬蘭頌，捷克音樂家史麥塔納莫爾道河我的祖國。三位東歐著名音樂家，大家瑯瑯上口名曲，道盡祖國的悲傷及充滿對祖國之愛。曾道雄教授親自填詞改自世界名曲「我欲閣轉去我的故鄉」、「我可愛的故鄉」，現場聆聽令人動容。一場充滿意義的音樂響宴，基金會精心設計，也看出彭教授的人格特質，台灣知識份子為了理想犧牲奮鬥，不輕言妥協，即使受盡滄桑，依然樂觀進取。

　　高齡已九十歲的彭明敏教授，在五十年前戒嚴時期，以青年才俊即可能被蔣介石破格重用，卻不畏強勢，甘冒生命危險，與兩位學生謝聰敏、魏廷朝，發表台灣人民自救運動宣言，令人敬佩。此宣言迄今五十年，已是台灣民主發展史上重要文獻之一，提出一個中國一個台灣，反攻大陸絕對不可能，質疑蔣介石政權代表誰？台灣足以構成一個國家。

宣言三大目標：確認反攻大陸為絕不可能、重新制定憲法，保障基本人權，成立向國會負責具有效能的政府，實行真正民意政治。以自由世界的一份子，重新加入聯合國，與所有愛好和平的國家建立邦交，共同為世界和平而努力。八大原則包括遵循民主常軌，由普選產生國家元首等。

彭先生曾任台大政治系主任，我於四十年前（一九七四）台大經濟系畢業之後，改讀台大政治學研究所。為何如此決定，或多或少受到彭教授事蹟的感召，威權統治時期，台籍人士成為一流政治學教授，其政治主張應有較嚴謹理論基礎及可能影響力。彭先生流亡海外二十二年，返台之後，成立文教基金會，我以政治學者曾略盡棉薄之力。彭先生參加一九九六年首次總統直接民選，我已任職台北市政府，公餘之暇，也盡些力量。彭先生出任總統府資政，我擔任中央部會首長，若干場所遇見，必會晤談交換意見。

自救宣言五十年後，彭先生一邊一國、加入聯合國、制定新憲法等主張，仍遙遙無期，甚至中國的強大，國際局勢不利台灣，這些主張更可能日愈困難實現。但是普選國家元首、保障基本人權、司法獨立、健全文官制度等，逐步推動，彭先生等稍可告慰。我在會場特別向彭教授致意，他與李登輝先生是台灣五十年來兩位最傑出的台籍政治菁英，也是台灣的瑰寶。

他們有共同成長背景，一位東京大學、一位京都大學，戰後均
台灣大學畢業，獲得博士學位，擔任大學教授。雖然命運不
同，彭先生在野，李先生在朝，但是他們的專業能力、長者風
範、對台灣本土之愛、理想抱負遠見、對後輩照顧提攜，均是
這時代的典範，也對實際台灣民主政治貢獻良多。

16 阿扁功過歷史自有定論

　　日前參加穿透黑暗的天光及送進黑牢的愛心餐，兩本新書發表會，前者編集台灣大地文教基金會成員與阿扁總統的書信往來；後者則是阿扁總統送餐日記，敘述該會志工媽媽自二〇一三年四月二十二日起，每日製作三餐，送到台中明德監獄給阿扁總統的經過，她們的心路歷程、每日的餐點。聆聽志工媽媽們的純真心聲，無限感慨，曾為阿扁執政團隊成員之一，對於這些代表台灣純真、光明、善良的志工們，真心地感謝及感激。

　　不同政治立場者，對阿扁總統的評價自有不同，六年前排山倒海似司法訴訟，國人目不暇給：國務機要費案、洗錢案、龍潭購地案、外交零用金案、二次金改案、陳敏薰買官案、辜仲諒政治獻金案。另加國務機要費案外案，嗾使他人偽證案，以及私自帶回機密文件可能觸犯洩漏機密案。依據陳順勝醫師文章，阿扁總統的病情與拘禁、判刑、密集頻繁與冗長應訊有關。身為律師、立法委員、第一位台北市民選直轄市長、首位政黨輪替國家元首、八年兩任總統，卻遭到如此不堪待遇，在民主國家，簡直不可思議。可是在民主起步的台灣，除了一些基層民眾熱情無怨無悔支持，參與各種救援，或類似送愛心餐等令人感佩行動。昔日扁政府高官們、民進黨主政人士等冷默表現令人搖頭嘆息。

政治並非零和遊戲，民主政治提供一套政治運作機制，政治人物、政黨等在一定規則之下，公平競爭。成者取得執政權，失利者退出角逐，或俟機會東山再起，甚少你死我活，非置對方於死地。因此民主國家或威權轉型的準民主國家，國家元首即使觸犯法律，通常採取非法律手段，例如特赦。如採法律追訴手段，由於考慮國家元首身份的特殊性，對外代表國家，對內代表全體人民，因此即使判刑，也從輕發落，例如減刑、居家拘禁等，未曾有阿扁總統如此不人道待遇，並長期與一般受刑人同監。目前雖然在台中明德監獄，獨自刑舍，但在正常國家仍然非比尋常。況且醫師已經證明阿扁總統身心健康均已喪失，早已符合重症與失能診斷、身心障礙鑑定。

看了陳順勝醫師的文章，令人鼻酸心痛不已，昔日國家元首，一位充滿意志力、魄力、執行力的國會議員、首都市長、總統，六年之間被折磨成神經與精神完全失能，陳醫師神經醫生專業所診斷症狀，最後建議不宜留監獄繼續服刑，應該居家住療。台灣數十年累積的政治對抗，政黨、政治人物、狂熱的支持者，政治互動運作，超出常軌情事，不勝枚舉比比皆是。以對方的不是合理化己方的過激行為，如此惡性循環，恐將國家社會步入衰退之路。藍綠對抗禍害無窮，有識之士不能視而不見，尤其二〇一四年九項地方選舉、二〇一六年總統、立法委員選舉，此種政治衝突可能有增無減，令人憂心忡忡。馬英

九先生應以國家前途民主發展為重，釋出善意消弭政治暴戾之
氣，民進黨也責無旁貸，不要火上加油，理性專業問政。熱衷
政治的人士冷靜思考，關心國事值得鼓勵，但是一本初衷，不
要過猶不及。

　　不論為了國家和諧、民主國家常態、阿扁總統病情及基本
人權，特赦或居家住療，讓阿扁總統回家，台灣如是文明進步
民主國家，這是起碼的要件。阿扁總統自我使命感、對台灣的
本土之愛、對政治特殊期待、對台灣政治與前途關注、對民進
黨的恨鐵不成鋼的失落感，從將近三十年政治生涯，以及近幾
年獄中文章，已顯示無遺。阿扁總統在台灣政治發展史上已有
其定位，一切功過，自有公平論斷，往後身體為重，回到吳淑
珍那兒，共度人生。忝為舊屬，由衷祝福昔日同學、長官。

17 地方公職人員選舉的政治觀察

　　年底九項地方公職人員選舉活動已陸續展開，將近一萬人角逐包括直轄市長、市議員、里長、原住民區長、區民代表；縣市長、縣市議員、鄉鎮長、鄉鎮民代表、村里長。任何民選公職人員選舉均有其政治意義，不論中央政府民選公職人員（正副總統、立法委員）或前述地方政府公職人員等選舉均是人民定期行使法定公民權，決定候選人的去留，檢驗各政黨及其候選人表現良否，並確定未來四年，由哪些人代表人民行使各種行政權及立法權。

　　民主政治是民治政治及民意政治，由於地區遼闊、人口眾多，加上不少人民忙於自己工作，因此間接民治逐漸崛起取而代之。人民透過選舉決定公職人選，平時各種各樣公民權（自由權、平等權、參政權、受益權）受到保障，約束民選公職人員不能胡作非為，並且必須掌握民意行使法定職權，每一段時間之後，接受人民以選票評估其表現良否。地方公職人員選舉其政治意義或許沒有中央公職人員選舉重要，但是政治學所稱：所有政治均是地方的。沒有地方即無法構成國家，不少國家的民主政治發展，均從地方性公職人員選舉開始，包括台灣。

　　此次地方公職人員選舉，項目最多，前所未有，考驗選民智慧，對於政黨及候選人的直接或間接影響，容有差異。組織完整的大型政黨比較有利，因為各項候選人可以相互支援，營造聲勢。只是不少地方公職人員政黨屬性不高，人民也非政黨取向投票。台灣實施民主選舉已有一段時間，民智已開，合併型選舉，對選民而言，比較錯綜複雜，相信成熟的台灣民眾可以勝任。今年選舉由於諸多因素：國內政治經濟問題層出不窮、人民為了生活汲汲營營忙碌不堪，民主選舉已是常態；因此選舉氣氛尚未昇高。除了少數直轄市長及縣市長選舉，相形之下，比較熱絡，其他選舉均只在地方低調進行，這些現象十分正常。

　　二〇一六總統大選，促使此次地方公職人員選舉，政治意含加深，尤其兩者選舉投票日只差十三個月，必然具有前哨戰意義。馬英九政府已執政六年多，二〇一二年第二任開始，包括油電價雙漲、自由經濟示範區立法、兩岸服務貿易協定、貨品貿易協定等，引起爭議。人口老化、年輕人不敢結婚成家生子、失業率偏高、房價居高不下，不少人望屋興嘆，所得差距拉大，新貧階層增加，社會暴戾之氣昇高，年輕一代對於未來的不確定性憂心忡忡。產業結構未有更迭，過度依賴中國市場，十二年國民教育方案朝令夕改，大學、技職教育均亮起紅燈。這些外在因素或多或少影響此次地方公職人員選舉，台北市柯文哲現象即是顯例，台中市林佳龍對現任胡志強構成強烈威脅，亦然。

　　每逢選舉到來，政治動員及人民短暫性政治參與提高，政治衝突現象，務必正視。尤其愈基層公職人員選舉，候選人數目眾多，素質參差不齊，相關部門一定要周全規劃，防患未然。賄選歪風也必須遏止，長期累積的藍綠對峙，任何政黨或候選人不可煽風點火，否則將成全民公敵。此次選舉，直轄市長、縣市長等候選人，政見琳琅滿目，選民雖然目不暇給，卻是值得肯定的現象。

　　相信包括中國大陸、美國、日本等，也密切觀察台灣年底地方公職人員選舉，相信台灣人民將再次以智慧寫下歷史。

18 原台北市府團隊與柯文哲

　　最近與柯文哲碰面，提及陳水扁擔任台北市長時的各種令市民印象猶存的往事。柯醫師曾在網路撰文，台灣迄今只有兩個執政團隊，表現有目共睹，施政成績斐然：陳水扁於一九九四至一九九八的首次台北市長民選所組成的市府團隊；以及全台灣唯一的省長民選所組成的宋楚瑜領導的省政府團隊（也是一九九四至一九九八）。

　　前者代表創新、效率及領導；後者代表親民、行動及整合。當然這些純屬個人看法，是否多數人民意見，不得而知。何況兩個團隊均是二十年前開始執政，十六年前已經結束。迄今已是十多年，除了人民記憶淡化，四十歲以下的世代，十之八九可能毫無概念可言，除非自己看了資料或聽長輩提及。否則未親自目睹的情事，甚難有理性的認知及感情的判斷。

　　忝為原台北市府團隊的成員，作者迄今仍予有榮焉，作者日後擔任中央政府八年部會首長，個性使然，仍秉持政務官本份，全力以赴。可能在台北市政府擔一人之下眾人之上的首席副市長兼研考會主委，較能發揮所長；再者台北市政府相較龐大的中央政府，組織業務單純不少。包括作者在內的不少原市府團隊成員，雖然泰半均有機會在中央政府擔任要職，可是大家共同的感想：在台北市政府的服務最有成就感，團隊默契佳得心應手，在人生回憶中最美好時刻。

作者離開台北市府十六年之後，仍對市府八萬員工，原市府首長，以及二百六十萬台北市民，心存感激，有機會與市府團隊及全體員工，共同服務全體市民，是人生難得的機緣。雖然時代久遠，如今一介市民，但每日在台北市走動，當年市政建設歷歷在目。捷運一年一條，棋盤式公車，大型停車場，寬長大道及人行道，清潔的市容，改建的市場，各式各樣小型博物館，偌大的河濱公園，看不到的下水道系統及地下管線；公共安全尚佳的市民活動場所，治安尚可的城市；網路發達，國際化程度不低，全國政治中心，專業園區林立。頗具創新的年輕族群，二十二萬登錄公司，蓬勃經濟活動，全國商業金融中心。

市民主義及新市府運動，以市民為尊，顧客導向的服務態度，如今不但在台北市各級行政部門已視為當然，其他地方政府及中央政府也群起效尤，成為行政文化。市民主義與社區主義，讓市民共襄盛舉，關心參與周邊事務。走動、目標、成長及危機管理，奠定始終維持七成以上市民滿意度。掃黃掃黑整頓治安，掃蕩電動玩具，青少年春風專案，建立不定期公安抽檢制度，交通順暢軟硬體兼施，市府員工內部顧客革新革心。城市外交，提高台灣與台北國際能見度，積極參與國際相關組織，姊妹市的締結與合作。

企業型政府經營模式，101大樓的BOT，公立醫院公辦民營，開源節流整頓財政紀律，負債減少六十二億，係各級政府所罕見。與民有約直接溝通,建立危機管理體系,超然的都市計畫。活潑不斷創新的活動,成為其他地方政府的楷模。當然只有四年服務市民,許多力有未逮之處。市政建設永續發展,一棒接一棒。

好漢不提當年勇,何況只有短短四年,成果必然有限。公道自在民心,歷史自有評價,十六年之後,僅誠心期盼台北市永遠進步成長,如果深慶得人,則是天佑台北及台灣。

19 柯文哲宜謹言慎行

　　台北市長選舉勝敗因素可能不少，但是關鍵因素之一，應是柯文哲是否謹言慎行。凡事三思而行，發言次數不必太多，但是言必有物，是否智者，避免言多必失，而且在關鍵時刻，一言九鼎。國內政治人物有此能耐者，李前總統之外，可能未有第二人，對於政治素人柯醫師而言，或許期待不能太高，但是柯是否勝利，絕對不可低估失言的殺傷力。

　　柯民調維持領先因素，大家各自詮釋：連勝文權貴子弟形象不除，1%雲端的候選人如何取得51%選民支持，本來就是渺不可能。國民黨如果由他人上陣，打出超黨派的柯陣營，恐怕要費更多心力。台北市藍大於綠，選民的教育程度、職業結構、族群分佈等，與台灣其他地方大異其趣。民進黨可以在南台灣一枝獨秀，在台北市處境堪憂，原因何在，不言而喻。十六年前，陳水扁以七成施政滿意度，仍然以46%支持敗北，四年前的蘇貞昌、八年前的謝長廷，以曾任行政院長之尊，均只獲得45%以下選民支持。十二年前的李應元甚至僅得35%選票。

　　柯醫師何德何能一路領先，除了對手不強，台北市民真的民心思變，選舉未正式揭曉前，一切言之過早。柯醫師台大醫學院背景，超黨派訴求，政治素人，或許有吸引人之處，國民黨在台北市連續執政十六年，中央政府執政六年，民怨不少，給予柯醫師機會。能力歷練、選民信任感、成熟穩重、未來執政品質、領導團隊等，理性的台北市民，仍然觀看及評估，任何閃失，可能化為烏有。由此可見，謹慎小心，包括候選人、競選團隊等，務必戰戰兢兢，全力以赴，放言高論，不但不能得分，必然失分。曾稱永遠第一的柯醫師，與當年陳水扁口吻一樣，兩人均非就讀建國中學，否則高中時代即會體會人外有人，天外有天，學會自省謙虛，發言方式就會不同。

　　台北市長選舉剩下兩個多月，選民樂觀雙方陣營，提出琳瑯滿目政見，替代過去的人身攻擊。台北市是台灣的首善之區，首次兩個政治素人角逐市長寶座，選民雖然有些擔心，但也願意共創歷史。誰能保握時代脈絡，就能脫穎而出。

20 亞太新秩序與台灣的角色

　　日前參加由辜寬敏先生創辦新台灣智庫與美國project 2049 institute合辦二〇一四年亞洲新態勢與台灣角色國際研討會。與會國際人士包括卸任不久的美國國務院亞太事務助理國務卿坎貝爾（K‧Campbell），小布希時代副助理國務卿薛瑞福（R.Scheriver），一些華府基金會負責人，美國在台協會前台北辦事處長司徒文，不少美國在台協會人員與會。另有日本、印度、韓國、澳大利亞卸任官員、專家學者與會。國內出席政治人士、學者專家，包括不少朝野卸任部長級政務官。

　　中國崛起，習近平等太子黨逐漸掌握人權，掀起中華大民族主義，以大國自居，欲與美國在國際、亞太地區等分庭抗禮。美國自二〇一一年宣示重返亞洲，亞洲新平衡戰略，推動TPP，擴充亞太兵力，與日本、澳大利亞、韓國、菲律賓、越南、新加坡、印度等建立更緊密關係。雖然中東局勢、烏克蘭內戰等，美國重返亞洲的策略、時程等稍微影響，但是美國政府信誓旦旦，宣稱策略不變。歐巴馬總統十一月到中國參加APEC領袖會議，與習近平高峰會談，訪問澳大利亞，在布里斯本奧克蘭大學演講，完整陳述美國亞太政策全貌、架構、策略、措施等。

　　對美國政治稍有了解者均知，美國外交政策制定的大概：制定者、主要幕僚群、美國國家利益至上、如何詮釋國家利益、交手國家的發展分析、美國外交政策元素、模式，執行方法及效果分析評估。美國有所謂兩黨外交，民主、共和兩黨，意識形態稍有差異，外交政策思維或有一些不同，例如現實主義、人權民主概念等比重的不一，但基本思維沒有太多差別。國家利益至上，黨派色彩在外交政策微乎又微。有部分國人以為共和黨對台灣比較友善，可是美國對台灣政策，必然以對中國政策、亞太政策等優先考慮，對台灣政策調整空間有限。

　　坎貝爾曾任職國防部（柯林頓總統時代），歐巴馬政府，希拉蕊出任國務卿，出任亞太事務助理國務卿，希的重要左右手。重返亞洲、再平衡策略，均出自他的規劃，希拉蕊如果在二○一六年當選美國總統，坎貝爾有機會出任副國務卿以上職位。坎氏日前在台北的專題演講，值得正視，他詳細說明美國重返亞洲的構思、原則、具體做法。對於中國政策，美國各界的異同主張：季辛吉等為主與中國關係穩定，其他國家就不是問題；視中國為敵人;與中國保持交流之外，與中國之外的國家建立夥伴聯盟關係。

　　對於台灣十分友好的坎貝爾指出，美國視台灣為準盟邦，希拉蕊在二○一一年公開指出台灣是美國重要安全與經濟夥伴。近月來美國政府歡迎台灣加入TPP，引領中國形成具體合作的習慣，制度性交往。美國支持緊密的兩岸關係，但兩岸交往的軌道、步調、架構和內容，最終必須由兩岸人民自己決定。可是仍希望台灣分散對外交往（意指中國大陸之外也要廣結善緣），美國只要確保台海兩岸的交流決定。美國外交政策決定菁英，主要思維，不分黨派，薛瑞福係共和黨主政的副助理國務卿，談話大同小異。美國中國、台灣問題學者專家、現任、卸任官員的說法，稍加準理，一清二楚。

台灣前途由台灣人民共同決定，對於攸關台灣發展的兩大勢力：美國、中國，均宜知己知彼，台灣人民有權表達意願，但也必須了解美國、中國大陸等對台灣政策的思維。尤其政府、有機會執政的民進黨，以及政治人物、學者專家。面對快速變遷的國際環境，夾在兩大勢力的台灣，如何夾縫中求生存，爭取國家利益，理性智慧係唯一考量，當然人民熱情，本土之愛也不可或缺。

21 朝野政黨的互動之道

　　前任副總統蕭萬長在一場公開會議中表示，朝野惡鬥讓台灣陷於空轉惡性循環。他大聲疾呼正確認知及停止內耗，台灣才能重新出發。該會議共提出七項建言：第一項即是值此關鍵時刻，國內外經濟情勢嚴峻，朝野政黨應停止對峙、內耗，並儘速開啟對話，每半年至少應舉行一次，議定國家重大經濟政策。

　　朝野政黨如何互動，沒有一套放之四海而皆準的規則，但是民主政體行之多年之後，主要政黨之間的互動型態會逐漸成型。例如英國的忠誠反對黨、影子內閣、國會政黨的協商機制；美國總統與國會政黨領袖協商。民進黨由無到有，與國民黨早期勢不兩立，國民黨長期一黨獨大，被迫接受在野黨及政黨政治，根本未具民主心態。李登輝主政之後，朝野政黨互動轉佳，民進黨逐漸坐大，李的本土色彩以及台灣民主體制的樹立等，均是主因。二〇〇〇年民進黨首次在中央政府執政，但國民黨仍主控立法院，朝野政黨關係微妙，擁有行政權的民進黨與主控立法權的國民黨，均不適應，但是包括法案、預算案，仍須協商，兩黨立院黨團，以及行政部會首長與國民黨立院黨團互動，成為主要的政黨互動。民進黨總統數次與國民黨主席晤面，卻未形成固定朝野協商機制。

　　國民黨於二〇〇八年再度重掌行政權與立法權，故態復萌，一黨獨大；未尊重在野黨，民進黨在立法院只有四分之一席次，立法院議事完全由國民黨主控，馬英九與當時民進黨主席蔡英文除了為ECFA一次公開辯論之外，未曾有正式會面。二〇一二年總統大選，馬雖連任成功，得票率降低不少，立法院席次，國民黨與民進黨比例也逐次拉平。馬為了調高油電價、證所稅、美牛進口等，引發民怨，民意支持度不到百分之二十，國民黨立院黨團也意見不少，民進黨立委夜宿議場，造成議事中止，所謂內耗之說不脛而走，朝野對話又成話題。

　　朝野政黨本來就是相互競爭，在野黨批評執政黨，天經地義理所當然。坦然而言，國民黨應先釋出善意，包括陳水扁保外就醫或特赦，在立法院樹立更佳協商模式，兩黨主席討論國事機制。除了與民進黨良好互動之外，國民黨如何放棄一黨獨大作風，尊重文官與行政中立，司法、情治、軍事等部門國家化，政黨力量不要介入學校、民間部門。消除意識型態、省籍、黨派對抗，台灣有限國力，面對不少國際、國內政治、經濟、社會、教育文化等課題，任何執政者應該以身作則，團結國人，與在野黨良性互動的意義在此。

　　至於民進黨也責無旁貸，人民有權課責。檢討往昔，策望來茲，以影子政府自許，有計劃培育治國人才，強化政策規劃能力，全黨上下群策群力，不要只考慮選舉、派系、個人利益。要有願景、視野，提出具體政策方案，唯有改變國人對民

進黨浮噪、知性不足的概念，民進黨才能爭取與穩固人民對其
執政能力的信心，也是台灣前途發展的應行之道。

22 博士、教授、政務官人才

　　民進黨提出對陳沖內閣的不信任案，理由之一，陳內閣民意滿意度甚低。馬英九支持度不及二成，陳內閣民意支持度必然也不會太高，因為兩者密不可分。陳內閣成立時，以財經內閣自居，重要部會首長，十之八九具有博士學位，所謂專家內閣，並不誇大。為何短短三個月，陳內閣支持度如此低落，不禁有人持疑，博士、教授，是否政務官人才，是正數，還是負數。本文所稱政務官人才，係指表現不錯的政務官，不是單指曾任政務官。

　　目前大學助理教授以上，均要求具有博士學位，國內大量培育博士，具有博士學位不一定取得助理教授。政務官性質與大學教職不同，但是不是內閣制的台灣，加上政務官專業能力期待愈來愈高，政府角色與功能，在全球化之下，包括政務官與高級文官，必須具備專業素養，才能勝任。高級文官必在文官體系一段時日，超出黨派，循序以昇。政務官雖然政治任命，來源多元化，但是由具有博士、教授背景出任比例愈來愈高。世界各國皆然，國民黨如此，民進黨在中央政府執政的前二年也沒有例外。問題是具有博士、教授背景者，是否好的政務官人才，至於多少人有機會出任政務官，則是另一課題。

　　馬英九被批判具有菁英性格，自以為是，不能設身處地為人民著想。以高學歷為主的陳沖內閣，也被指責，成員的高學歷，同質性高，反而不知民間疾苦，缺乏同理心及政治敏銳度。博士、教授，在出任中央政府政務官之前，如果沒有其他政治公職歷練，泰半生活在大學校園或實驗室，行政與領導能力或許不足。政治敏銳性，包括對公共議題的判定，與人民、媒體、民意代表及公民團體的互動溝通，也可能稍嫌不足。此外，台灣特殊政治與教育背景，不少博士、教授，有如成長在象牙塔內，對現實社會十分陌生，對公共政策涉入不多，不是政務官人才。

　　此外，博士、教授，有些個性孤傲，與社會大眾格格不入，雖有入世之心，有志服務國家社會，仍乏以民眾角度制定公共政策。馬英九與一些陳沖內閣成員，處理油電價調漲、美牛進口、課徵證所稅，所以引發民怨，或多或少與此種心態有關。如何調合博士、教授、政務官人才的盲點，當事人務必自我省思，調整作為。

23 台灣香港與一國兩制

　　香港人民為了爭取直接普選行政特區長官及立法局議員，以學生為主人士展開示威遊行，占領行政機關林立的政治中環。香港警方以催淚瓦斯等驅離民眾，並逮捕學生領袖。引起香港民眾更大不滿，掀起罷工、罷課、罷教等，中國政府大力抨擊，表示絕不妥協，基本法及中國憲法有關制約性行政首長、立法局議員選舉，二〇一七年選舉方式完全合適。雙方對峙愈演愈烈，係一九六七年大暴動以後最大規模群眾運動。

　　中國總書記習近平與國內統派團體晤談時表示：在國家統一和中華民族重大問題上，大陸不會有任何妥協動搖。一國兩制、和平統一，是大陸對台基本方針。中國對台辦主任張志軍九月在求是雜誌提出習六點，直指台獨是兩岸關係的現實威脅。習的談話一點也不意外，由胡六點的經濟讓利、以經濟策略日蝕台灣，已然改變，公然以政治、外交手段，來勢洶洶進逼台灣，並嘗試設下期限（中國兩個雙百：建黨百年及建立人民政府百年），本來多年不提的一國兩制死灰復燃，強硬措施一清二楚。

　　台灣與香港大異其趣，但仍有若干命運共同體，香港是英國殖民地，回歸祖國，雖是國際金融中心，早期中國南方門

戶，國民所得將近三萬八千美元，失業率八月降到3.3%，香港
經濟在亞洲名列前茅。一九八四年中英共同聲明、一九九七年
基本法，一國兩制樹立，五十年政治、經濟、社會體制不變，
當年也做為對台統戰樣板。

　　九七之後，香港經濟持續成長，地理位置特殊，基本生活
所需，例如水、農產品等依賴中國支援。中國資金大量流入，
觀光客及非法移民，改變香港經濟社會體質。每年五千萬人次
的旅遊人口，係香港住民的七倍，造成公共設施不足，衍生社
會及文化衝突，炒作房地產、物價上揚，今年創下4.4%高點。
所得差距拉大，中下階層日愈不滿，長期自由體制，也打了折
扣。如今全球化、資訊化，加上香港本已相當國際化，以中產
階層為主的香港社會，有了一些改變，此次中國重新詮釋一國
兩制，一個中國，香港是特別行政區，治權來自北京中國中央
政府授予，捍然拒絕民主派及學生真普選的要求。

　　習近平兩年前上台權力尚未鞏固，經過兩年多太子黨權力
高漲，凌駕共青團及江澤民派，習以肅貪、打擊貪腐為名，不
少中央、地方高幹中箭下馬，周永康、徐才厚、薄熙來等均是
顯例。對內加強思想教育，倡導儒家思想，控制媒體網站，異
議人士因言賈禍不勝枚舉。高揭大中華民族主義，以世界第一
貿易國、第二大經濟體，倡言大國外交，與美國分庭抗禮。在
亞太地區疾呼與美國共治，美國雖然宣稱重返亞洲，採取新平
衡戰略，推動TPP，或多或少圍堵中國，既合作又對抗。習近
平去年強勢公佈東海識別區，在尖閣群島與日本針鋒相對劍拔

弩張。在南海地區，與越南、菲律賓幾乎兵戎相見。

　　對內對外，揭櫫民族主義大旗，要求台灣人民了解中國十三億人民心聲，雙方心靈相通，台灣問題與中國大中華民族主義結合。對付疆獨、藏獨，毫不手軟，近日來對付香港人民的抗爭，以及重新解釋基本法，反對西方式民主政治，毫不讓步，並對民主人士有計畫步步進逼。西方國家也無可奈何，頂多口頭批評，尤其與香港息息相關的英國，礙於經濟關係，只在國會談談，內閣悶不吭聲。習近平對於台灣事務，由於長期在福建、浙江、上海擔任要職，耳熟能詳，提出一國兩制，台灣人民不能接受，國內統派人士即使自圓其說，例如目前就是一國兩制，一國兩制需要融合機制，一國兩制沒行情反刺激台灣獨立勢力上揚，台灣也可自信主導統一等。也有人將對台灣重提一國兩制及對香港人民抗議的高姿態動作，視為預防性進攻，在國際外交屢見不鮮。

　　台灣與香港迥然不同，台灣有自己民選政府，非中華人民共和國統轄，台灣海峽屏障，美國、日本戰略夥伴，與中國若離若合。香港是中國行政特區，沒有民選政府，所謂今日香港明日台灣，乃是自我矮化，也與事實不符。香港一國兩制樣板，對台灣人民早就失去宣傳效果，中國政府也一清二楚。中國以一中框架，九二共識、國際組織台灣席次名稱、台灣的國際參與空間、方式，均是一致性，背後理論、原則十分明確。

　　去年一國兩區、今年一國兩制，步步進逼，台灣如何招架回應，考驗政府、政黨、人民智慧，不宜動輒指控意見不同者可能出賣台灣，民進黨自己中國政策內部討論多時，也未有定論。在野黨心態，凡事放言高論，或空有原則沒有實際內容，均禁不起考驗，遑論邁向執政之路。六年來高唱兩岸政績成果斐然的馬政府，受到衝擊不言而喻，馬最近處理張顯耀案，對香港人民爭取普選民主的談話，其實均有一些調整，可接受一中各表，不能接受一國兩制，中國的強大壓力，以大國姿態凌駕台灣，反而有助台灣人民凝聚起碼共識。當然有些人自己信念堅定，理想性十足，只要尚未執政，人民沒有感覺，不要大放厥詞自取其辱。

24 政府透明度與公共治理

　　馬政府為了是否進口含有瘦肉精的美國牛肉而焦頭爛額，主管機關的農委會卻發生隱匿禽流感疫情，誰是背後始作俑者，可能引起政治風波。民主國家，政府施政必須透明化，已是基本常識，可是理論與事實有所差異，現實政治之中，政府透明度常有待加強。無獨有偶，日本也公布三一一最新文件，日本政府大地震後就知可能核融毀，高層隱匿數月。

　　民主政治既是民意政治與民治政治，人民當然有知的權利。除了言論自由、新聞自由及出版自由；人民有權利取得政府相關施政資訊，包括政府出版品、文件、檔案等。美國早在一九六○年代即明文規定，人民可以要求政府相關機關提供資訊，政府檔案局及政府出版處專責此業務。我國在一九九○年代逐漸民主化之後，也陸續推動此工作。《政府資訊公開法》、《檔案法》、《行政程序法》等立法，均是顯例。作者擔任行政院研考會主委期間，成立檔案管理局，責成政府出版品十之八九上網，甚至公務人員出國報告也要公開上網。因應電子化時代，設立政府單一入口網，俾人民容易上網查詢下載。

　　當然為了國家安全、公共利益，或涉入個人隱私，包括檔案、文件等政府資訊，有的列為機密，不宜公布；或俟一段時日才能公諸於世，由代表民意的國會決定其分際標準。實際政治運作，不少行政部門的政策文件，有時民意部門也在狀況之外，遑論一般人民。國家民主化程度，因此與行政部門的透明化密切相關。愈來愈多國際組織大聲疾呼政府透明度與公共治理的不可分割性。政府透明度包含人及政策，前者與廉潔、操守息息相關；後者則是政策規劃、制定與執行的公開化，並提供利害當事人充分表達意見及參與的途徑。政務官及高級文官必須公開申報財產，《行政程序法》所規定強制公證會等設計，均秉持透明化的理念。

政府相關部門如果有意隱匿疫情，係有違透明化原則，而且嚴重性不可低估。公共治理強調透明度、參與、課責及效能，四者密不可分，缺一不可。沒有透明度，其他三項也大打折扣。透明度良否除了左右人民參與機會，對於主其事者的課責，以及政府效能，有至深且巨影響。當事人之所以不願透明化，甚至造假或隱匿，逃避課責必是主因之一，減損效能對國家社會，傷害甚巨。二〇〇一年安隆案，企業管理開始推動公司治理，公司如此，政府更不可卸責；本來定期選舉的民主機制，奠基於此。可惜選民並不如此，使民選公職人員有恃無恐，等而下之的政務官及常任文官，更無懼民意壓力。政府效能因此每況愈下，尤其在總統大選才結束不久，諸多怪異現象紛紛呈現，也就不足為奇。

　　公共治理以政府效率及效能為標竿，涉及因素不勝枚舉，但是透明度及課責，絕對是必要條件，而且是民主運作的核心，不可掉以輕心等閒視之。

　　國內最近發生一連串事件，令人引以為憂，民主政治發展迄今，問題依然不少，為何政府透明度仍然不佳，政府效能有待加強。這些不僅是行政問題，也是政治課題，政府主事者必須面對。

25 專家學者與公共政策制定

　　台灣是否進口含有瘦肉精的美國牛肉，從行政院長到農委會官員口徑一致，尊重專家學者意見。的確瘦肉精是否有害人體，係高度專業問題，應尊重專家意見。可是是否進口美牛政策，涉及高度政治因素，馬英九總統無法逃避。財政部欲成立「財政健全小組」討論包括資本利得是否課稅問題，也以專家學者為主要成員。

　　現代公共政策的確含有不少專業因素，邀請專家學者集思廣益，本是無可厚非；但是泰半公共政策制定與執行結果，必會影響多數人民權益，除了技術可行性之外，另含有政治可行性。具有法定公權力的政治人物，必須為公共政策制定負責，不能推給專家學者，政治學所討論委託人及代理人的課責問題，一清二楚。可是現實政治運作，專家學者有意或無意地淪為被政客們操作的工具，成為政策背書工具，卻屢見不鮮。

　　專家學者影響公共政策制定的途徑，不勝枚舉，出任公職包括政務官或民意代表，即是顯例；台灣學者從政比率甚高，學而優則仕的文化使然。政府法定具有公權力的非常設性公職，例如都市計劃委員會、中央選舉委員會、採購評審委員會，專家學者常是主要成員。這些委員會採取合議制本，專家學者的左右力不可低估。只是政府部門主其事者，通常在選拔委員時，事先挑選，以符合所需者為主，不要喧賓奪主。此外，政府部門為了各種考量，在公共政策制定過程，邀請專家學者提供高見；這些考量具有多元性，為政策背書，化解歧異，表示政策的專業性。通常欲設立此種未具法定公權力的諮詢性質委員會或會議，成員性質及最後裁定，均會周全設計。

在媒體發表文章、提出研究成果或推展社會運動，也是專家學者欲影響公共政策的方式；愈來愈多的公共政策具有專業性，不能信口開河，真理愈辯愈明。不論技術可行性或政治可行性，例如美牛進口或稅制改革，均大致雷同。

政府部門之所以不計其數的委託研究，動機或許不一而足，但是公共政策制定，只有依賴每日勞累的常任文官，仍有不足之處。專家學者的訓練，接受公部門的委託研究，提出政策建言，對政府首長及政策規劃的常任文官，受益匪淺。當然理論與事實如何結合，公共政策的政治面向，例如民意傾向、價值判定，只有政務官及民選首長統合判定，不能假手專家學者。

現代公共政策特性，以及民主體制專家學者在公共政策制定過程，有其一定角色。政府主事者、專家學者、社會大眾構成微妙的互動。專家學者並不是一元的，不同判斷的專家學者因為領域、政治信念等不同，但是不少專家學者沒有固定政治立場，與執政政府的互動，例如接受委託研究、出席專家諮詢會議均本著專業，沒有先入為主的傾向。當然十之八九的專家學者也是理性抉擇者，會充分評估與政府主事者的互動成本效益，對自己專業研究未來前途，仔細評估。專家學者不乏具有知識份子理念，有理想與抱負，不為一己之私，不淪為背書工具，不齒官學勾串，民主社會之所以可貴，每位專家學者可大鳴大放，公共政策制定，人民可以參考不同專業意見，作出個人喜好。

美牛問題，長期以來公共政策的制定，包括民進黨或國民黨執政，其實差距不大，專業與政治擺動，專家學者應會自知如何扮演角色。

26 憲政困局下的部會首長

　　陳冲內閣於二月成立，五月總辭，再經總統任命組閣，三個月期間，內閣兩次重組，一般民眾必感不可思議。由此也反映憲政困局，我國究竟是總統制或內閣制，許多問題也連帶衍出，例如，總統赴立法院國情報告是否備詢？總統自行宣布重大政策，是否侵犯行政院長職權；部會首長直接向總統報告，是否無視行政院長存在。行政與立法互動，部會首長與立委角色衝突迭起，決策機制多頭馬車，互指對方不是。

　　這些外表現象背後有其憲政困局，部會首長的難為，也道出政治運作之所以問題重重的癥結。一般而言，內閣制國家，內閣閣員由國會多數黨資深議員兼任。這些部會首長甚少受到同黨資淺議員在國會的挑戰，包括抨擊式質詢，或否決重要法案，頂多與少數黨議員，在國會進行政策詢答。總統制國家的內閣閣員，雖無直接民意基礎，但由民選總統任命，十之八九具有代表性或專業性，國會有時只有聽證權，對內閣閣員諸多禮遇，重要法案直接代表總統與國會的交手，通常同黨議員不會公然唱反調，內閣閣員有如總統的左右手，協力促成法案通過。

　　台灣憲政困局，行政院長與部會首長，既無立委身分，又須直接向人民及人民代表的立法院負責，因此質詢時常矮人一截，任由立委抨擊。行政院長在總統直接民選，不必經立法院行使同意權，早已是總統的執行長。CEO應是行政院長的最佳定位，至於部會首長，尤其八部二會（勞委會、農委會）二署（衛生署、環保署）首長，如同各部門副CEO，輔助行政院長，並與行政院長一起向總統負責。民選總統任命行政院長，固然要尊重行政院長的部分用人權，例如祕書長及一些政務委員、幕僚部會首長。前述的八部二會二署，掌握九成以上行政院人力與預算，政策良否攸關民眾福祉，民選總統親自挑選人士，反而是種負責任作法。此次證所稅政策，反對者批評財政部長無視行政院長，越級上報總統，其實這種做法符合常情，也是未來必然型態。

作者曾擔任部會首長八年，四年在行政院系統，四年在考試院系統。考試院是合議制，院長任期六年，不必與總統共進退，部會首長則不必與院長共進退，反而總統可以隨時任免，且必須與總統共進退。四年行政院部會首長任期，歷經三位行政院長，辭職又任命三次，時常面臨總統與行政院長兩個上司的困境。未來行政院部會首長任免有必要樹立慣例，比照考試院部會首長模式，與憲法規定如有不符，長久之計當然修憲，但依個人見解，應未違憲。考試院部會首長與考試院長除了行政監督之外，不是上下隸屬關係，行政院未來也可參照。

行政院部會首長與同黨立委微妙關係，尤其該黨在立法院是多數黨，如目前的國民黨及李登輝或威權時代的國民黨。立委有選票，部會首長有總統支持，又手握部會決策權，通常也有代表性或專業性，民選總統如有充足威權，與同黨國會議員建立共同決策機制，部會首長比較容易推動政務。否則為了與同黨國會議員互動，付出昂貴的交易成本。民意支持度不佳或第二任總統通常較難爭取同黨國會議員無條件支持。台灣的憲政困局，互動與交易成本更高，部會首長更須有能耐與智慧，但釐清憲政體制，才是正途。

27 不確定性與公共政策制定

　　馬英九政府調高油價之後，國際油價卻十連降，馬以世事難料自我合理化，中油也表示國際油價不易預測，是種科學，也是藝術。稍對企業管理或公共政策理論有些知識者均知，不確定性本就是存在的，因此才有風險管理及預測推估等課題，政策良否與風險管理及預測推估能力密不可分。

　　方法論提及科學研究目的在於描述、解釋與預測。所謂科學理論即以是否具備上述三功能為判準。自然科學及社會科學的最大差異，在於前者具有較多科學定律及理論;後者因為研究人的互動行為，充滿不確定性，因此普遍性定律或理論，相對較少。尤其即使被驗證而具有描述、解述功能的定律或理論，通常也缺乏預測功能。如同截至目前，天下的貓都是白色的，也無法預測未來不會出現非白色的貓。

　　其實社會科學經過百年以上發展，仍有不少進展。具描述、解釋功能的定律及理論不勝枚舉，解釋功能愈高，預測功能也相對提昇。經濟學被稱為社會科學之王，理論建構優於其他社會科學，但是包括政治學、管理學等也累積不少研究成果，一些統計歸納定律或準理論，具有部分描述、解釋功能，或多或少也有預測作用。否則為何不少所謂政治學者或管理學者。至於經濟理論由於經濟現象錯綜複雜,即使被公認為最具科學化的社會科學,因為包括消費者或生產者的經濟行為較齊一化,貨幣工具等也較易量化,但兼具解釋及預測能力的經濟理論仍有不足之處。加上不少非經濟因素,例如政治力、政府介入、文化因素、國民性格等,政府的經濟政策愈來愈不易完整。

雖然社會科學的有限性及社會現象的不確定性,但是學者專家仍有其功用,學者從政、知識治國、智庫、政策研析、理論探討與交流,仍決定了國家競爭力及公共政策的良否。任何公共政策在制定過程,一定考量目前環境以及預估未來可能情勢。風險管理與預測評估,仍有賴理論以及決策者(包括幕僚群)對掌握現況及預期可能發展、政策後果等能力。當然自二〇〇七年之後,全球金融海嘯、歐債危機等,以及造成的經濟衝擊,均前所未有。有關理論及預估,更加無法十拿九穩,但功力見真章,理論及政策良否,完全繫於是否禁得起考驗:危機管理、預測能力、財經政策工具功效及理論完整性。

世事固然難料,任何社會科學理論有其不足之處,但均不是藉口,包括執政者,學者專家更加謙卑,群策群力,聯手合作,政府與學界,跨政治與經濟領域,理論與政策,為不確定年代、優質公共政策、理性發展的台灣,共同努力。

28 另類少數政府的治理之道

　　馬英九總統在第二任就職時，已因是否進口美牛、調漲油電價、開徵證所稅，民意支持度大幅下降，屋漏偏逢連夜雨，前行政院祕書長林益世涉及貪污扣押，案情尚未塵埃落定，對馬政府打擊不小。馬正式宣布欲競選連任中國國民黨主席，欲穩定領導地位，但是不及百分之二十的民意支持度，稱為另類少數政府，雖未有學理依據，但與所謂少數政府大同小異，主其事者的治理之道，不能一成不變，務必要有新的心態與作風。

　　少數政府在內閣制國家，係指執政的政黨，在國會未取得二分之一以上席位，也未找其他政黨共組聯合內閣。在總統制國家則指總統與國會多數黨分別不同政黨，有時稱為分離政府。馬英九獲五成一選票，國民黨又在立法院超過二分之一以上席位。本來稱不上少數政府，但是民意支持度一再滑落，祇剩兩成左右，係名實相符另類少數政府。鞏固領導中心，加強黨政與立法部門協調，均是挽救此類少數政府的不二法門，但仍有一些治理之道，才是對症下藥斧底抽薪。二○○八年馬英九與國民黨在總統與立委選舉大勝，雖然民進黨已在中央政府執政八年，但是國民黨一黨獨大態勢維持四年。二○一二年總統與立委選舉結果，國民黨一黨獨大的型態有機會調整，其要件包括民進黨要有影子政府的能耐,國民黨要放棄干預行政中立、司法獨立、軍隊及情治部門國家化;上述要件除了民進黨自我努力之外,民意支持度下降的馬政府,不能反其道而行,而是調整治理之道。更加促進文官及行政中立、司法獨立、軍隊及情治部門國家化,唯有如此,民意低落的執政者,又有將近四年執政期,政府各部門仍可有效運作,推展國家政務。

當然馬本人及其執政團隊也責無旁貸,如何化危機為轉機,完全存乎一念。坦然而言,馬有關進口美牛、調漲油電價、課徵證所稅等,均是正確措施,祗是影響人民權益,必有反彈聲音,馬政府未與人民充分溝通,政策再三調整。未事先說明事實,時機又逢經濟景氣不佳,內部意見不一。進口美牛爭議已告段落,調整油電價、課徵證所稅,均具有減低政府財政負擔,樹立財政紀律意含,政府主事者應該說明。同時借力使力,對中油、台電兩大國營企業,真正做出令國人耳目一新的改革方案。其實,在政黨良性競爭之下,民進黨也可提出相對方案,供國人參考。此外,台灣面臨不少國際、國內政治、經濟、社會、教育文化課題,民意支持度低落的執政者,低谷回昇的方法,就是提出總體願景、具體實施策略及政策績效。政府不少政策是連貫性,不同政黨主政,或許優先順序有別。但是人民權益為主,國家處境相同,不少短、中長期措施,十之八九雷同。

馬政府於二〇〇八年面對全球經濟海嘯,因應措施包括擴大就業、公共投資、社會救助,與李前總統、陳前總統主政時面對亞洲金融風暴、網路泡沫化時，所採取措施，大同小異。馬政府所提出黃金十年政策，內涵也是各部門長期的項目整合。曾在政府服務一段時間者均了解，政府不少財經、科技、文化教育、社會等政策，均具有連續性，不分黨派，馬政府過去四年太強調黨派意識，敵我分明，十分可惜。未來應該調整心態，與包括在野黨、企業界、社會團體等集思廣益；政務官、高級文官，也宜多與學有專精、了解政府運作的學者交換心得，制定優質公共政策。國事如麻，民意支持低落的政府，惟有以更謙虛的心，與社會各界共商國事。

29 認真考慮特赦阿扁

　　在全民探討美牛問題之際，阿扁家人表示可接受特赦陳水扁。前民進黨主席許信良也表示，對前任國家元首，很少類似阿扁待遇，與一般囚犯關在一起。法務部表示沒有法律對前國家元首特別優遇。

　　陳總統八年歷史功過，自有公平評價。其實，除了美麗島事件辯護律師、台北市議員及立法委員之外，阿扁擔任四年台北市長，八年總統，他的所作所為，並非一言兩語帶過。民進黨可以避重就輕，但是一些曾任扁政府要職人士不宜保持沈默。

　　作者是否扁團隊成員，由社會認定。一九九四年，阿扁當選首任台北市民選市長，作者先後擔任研考會主委及副市長，被歸類扁系人馬，無話可說。四年市府做了不少事情，台北市民迄今津津樂道，予有榮焉。阿扁四年市長，政績有目共睹，雖然連任失利，人民最後還是給予公道。台北市政府樹立不少典範，例如市民主義、公務員服務態度，以民為尊，走動管理，行政效率，不畏強權大力整頓市容，掃黃掃黑。危機處理，建立政府防災體系。公共場所的安全檢查，交通秩序維持，捷運一年一條，人命關天，交通與消防安全的重視。文化保存，建立小型博物館，本土教育的推廣，城市外交斐然有成。綠色執政品質保證。

二〇〇〇年，阿扁所以成為首位民進黨總統，與台北市長的表現，密不可分。作者就任行政院研考會主委，已非所謂核心人馬。但因職務關係，對政府施政略知一二，尤其二〇〇〇年到二〇〇四年。例如，全民政府，金融改革，基層金融整頓，對高所得課徵百分之二十稅負；SARS期間的全民動員，九二一災區重建提早一年完成。中央防災體系的建立，全國行政革新，經濟從二〇〇〇年的網路泡沫逐漸起色，失業率降低，經濟成長率回昇，八一〇〇台灣起動，挑戰二〇〇八，六年國建計劃，中部科學園區，雪山隧道，高雄地區飲水改善，員山子分洪改善汐止水患，東西向快速道路，國道三號通車。

作者擔任考選部長，更遠離權力核心，職務要求行政中立超乎黨派，作者也言行一致身體力行。因此，二〇〇四到二〇〇八，阿扁做了什麼，其他扁系人馬可以說明與解釋。

阿扁八年總統期間，其實完成不少軟硬體改革，可惜一邊一國及身陷弊案，被一筆塗掉。昔日身邊紅人或位居要津者，避之唯恐不及，加上時機不宜，沒人站上第一線，幫他說些公道話。作者返回校園，未再介入政治事務，台灣政局如此發展，令人感嘆，已七年無黨無派，對昔日市府團隊，仍十分珍惜。中央政府八年，忝為部會首長，但已不是昔日核心，做好政務官本分，才是正業。遑論已離開公職三年十個月，所言均是肺腑之詞，台灣政治人物有待加油。

　　王子犯法與庶民同罪，但是作者之所以不願其煩，略抒已見，乃感於前任國家元首的與眾迴同，給予特赦，有助於國內政治和解，陳及其家人在過去四年，已付出慘痛代價。

30 人民有權對民進黨課責

　　民進黨主席即將改選，五位候選人連日的表現，令人不敢恭維。台灣本已存在的中國問題、政府效能、憲政議題、經濟成長、社會正義、所得分配、產業結構、能源發展、老年化、少子化、中下階層比例上升、全球經濟危機等，五位候選人未針對上述課題論述，反而在一些老話題打轉，令人頗不以為然。再者，目前國內美牛進口問題、南海問題、歐債危機、油電雙漲、復徵證所稅、十二年國教、二代健保，雖有個別候選人提及，也未見有完整論述。反而在主席是否角逐二○一六年等變化莫測的問題大作文章，真是本末倒置。

　　或許，多數人民對民進黨主席選舉已不關注，民進黨自總統敗選之後的表現，令不少人民大失所望。群龍無首幾乎被邊緣化，雖然有四十席立委，卻缺乏整體戰鬥力，六位縣市長，自顧不暇，地方政府本來就人微言輕。鹿港鎮長補選，部分反映人民對馬政府調漲油電價、欲開放含有瘦肉精美牛、開徵證所稅的不滿，但不表示對民進黨的支持。

　　坦然而言，如果換成民進黨執政，考慮美台關係，能不開放美牛進口？台灣缺乏能源、油電價長期偏低及政府補貼價，浪費能源情事不勝枚舉，不是長久之計。台電中油等沉痾已久的老課題，民進黨自己在中央政府執政八年，一目了然，不是人云亦云，調價不可避免。民進黨部分人士針對台電備載容量大力抨擊，主張非核家園的民進黨，沒有現階段高備載量，如何達到廢核電目標。課徵資本利得的證所稅，乃是天經地義，有所得應該課稅，資本利得的課稅更具有社會正義的意涵；在國家財政紀律有待樹立之際，民進黨沒有理由反對。

當然馬政府所作所為，包括調整時機，政策朝令夕改，未與人民充分溝通，內部自亂陣腳，人民自有評定。證所稅的技術細節，例如是否調整證交稅、課徵對象與額度，自可充分討論集思廣益。台灣朝野不信任，民進黨目前在野，對國民黨政府的缺失大力批判，理所當然。但曾經執政的民進黨要有高度，不是只批評，要提出對策，一般社會團體也許可以只批判，民進黨一定要有最大在野黨及影子政府的風格，否則二○一六年執政機率更大打折扣。

民進黨人士一定要多做功課，強化政策規劃及論述能力，除了當前引發民怨課題，台灣仍有不少挑戰，民進黨責無旁貸。李前總統主持的群策會針對全球經濟挑戰，欲舉辦三天的台灣國家經濟發展研討會，即值得民進黨的借鏡。

民進黨的基礎是人民支持，沒有人民支持，民進黨一無所有。早期的黨外人士，尚有推動台灣自由民主任務，現階段民進黨必須完全向支持人民負責。換言之，人民有權向民進黨課責，要求民進黨走上正軌，否則不再支持。

　　人民當然是針對具有實權的政府課責，民主政治的真諦也
是如此。可是對最大在野黨課責，也不可或缺，在台灣長期投
票給民進黨的人民，更有責任及義務課責民進黨。

31 民進黨應培育治國人才

　　民進黨二〇一二總統大選的敗選報告指出，選民對民進黨執政信賴感不足，加上兩岸恐嚇牌，造成加乘效果。該黨敗選因素不勝枚舉，但是人民對其執政信賴感不足，當然是主因。除了陳水扁主政八年因素之外，民進黨治國人才不多，也是不可忽視的因素。所謂治國人才，係指可以擔當中央政府重要部會首長以上，包括行政院長及總統。或許有人質疑，民進黨在中央執政八年期間，擔任重要部會首長以上職位者，人數不下三十人，為何說民進黨治國人才不多？其實，當時不少政務官並非民進黨籍，而且表現稱職者也屈指可數。

　　民進黨成立二十五年，長期在野，一九九四年首次在台北市政府主政，可以任命政務官，但是性質仍與中央政府大異其趣。其他民進黨人均只是擔任民意代表或縣市長，與高級常任文官、大學教授等淵源不深，因此治國人才鳳毛麟角。陳水扁主政八年，部會以上首長，除了行政院長由民進黨人士出任，其他幾乎向外借將，其中表現尚佳者，十之八九不是民進黨籍。亦即民進黨在中央執政8年，並沒有有計劃培育治國人才，蔡英文應是其中顯例。

　　與國民黨相較，高學歷的政務官，民進黨少了許多，高學歷不代表好的治國人才，可是現代政府，面臨高科技、全球化，政務官具有起碼的專業能力與前瞻視野，已是不可或缺。李登輝所以優於陳水扁，在於李知識水平較高。國民黨不論內閣成員或不分區立委，高學歷比比皆是，成為必要條件；反觀民進黨，高學歷不多，民進黨籍更是稀有動物。再者，財經與科技背景者，國民黨不在少數，民進黨相對稀少。兩相比較，民進黨執政能力有待加強。民進黨早期在草創階段，高學歷治國人才不多，情有可諒；但是民進黨最大危機在於中生代及新生代，也缺乏高學歷專業人才。所謂世代交替，不光是指年輕一代獨當一面，更是代表知識水平的全面提升。有些人口口聲聲世代交替，又發現人才何處找？與國民黨接班梯隊比較，如何提升，不言可喻。

其實，民進黨仍有不少機會，因為具有台灣本土意識的有識之士，偏向本土政黨。陳水扁在台北市政府及中央主政前二年，仍相當尊重及任用一些高學歷政務官，可惜派系考量等因素，未能持續。民進黨主流人士泰半非知識取向，沒有反智傾向已是不錯，如同接受小英四年領導，也許大勢所趨，或是異數。因此民進黨是否走回頭路，政治人物是否有自知之明，成為該黨起死回生的關鍵。地方首長及國會議員當然是未來治國幹才，但是仍有不足之處，台灣不是美國總統制，可以任用大批政府官員協助國政。有限的政務副首長及機要人員，治國人才只有多憑藉自己本事。

　　此外，如何與常任文官相處，尤其善用高級文官，也是成為治國人才的要件。民進黨部分人士認為國民黨長期執政，支配文官系統，因此對高級文官不信任，這種心理無可厚非，但卻是治國不佳的主因。用對人擺對位置，知人善任，政府人事制度如此規定，未變更之前，應該自我調整。放言高論十分容易，治國能力及人民信賴不是輕而易得；民進黨是否改弦更張，才是走向執政之路，反思自省，過去在中央執政八年問題出在哪裡？一路走來，人民為何沒有信心？在群策群力時代，唯有提升治國能力，培育治國人才，才有希望的明天。

32 民進黨應強化政策論述能力

民進黨主席選舉即將投票，坦然而言，民進黨最缺的是政策論述能力，未來的黨主席責無旁貸。美牛、兩岸政策、油電健保費均漲，十二年國教、特赦阿扁、文林苑案引發都市更新、大學學費是否調漲，如果民進黨執政，如何因應，與國民黨政府有何不同？應是嚴肅的課題。

本來人民選擇馬英九持續執政，民進黨不在其位不謀其政，扮演在野黨角色即可。以美牛進口為例，民進黨抨擊國民黨不顧人民健康，主張採取歐盟模式，瘦肉精零檢出。可是民進黨在中央政府執政八年，深知美牛問題錯綜複雜，如果僅是技術層次，民進黨執政時早就迎刃而解，何必拖延時日，迄今未解。況且涉及對美關係，陳水扁執政時，台美關係惡化，小英仍深受其苦，民進黨此時針對美牛進口問題，更宜以大局為重。可惜，民進黨目前群龍無首，新任主席尚未產生，黨內人士近三個月表現，令人不敢恭維。

同樣表現在其他重大政策，例如，二代健保補充保費問題，民進黨有何高見？十二年國教，馬英九親自走上第一線，與相關人士座談。民進黨對於研議多年，免試升學比序條件、明星高中，又有何見解。油電漲價，除了抨擊中油、台電等老

生常談課題，面對全球油價高漲，考量全民如何節約能源，曾
執政八年的民進黨，為何只是人云亦云，沒有影子政府與眾迴
同的主張。大學學費五年未調整，涉及大學定位等課題，教育
部僅在枝節打轉，民進黨可以提出周全方案，更具說服力。
政黨執政能力高下，乃是各種政策主張是否令相關當事人心服
口服。

　　國民黨政府提出一國兩府，副總統當選人循四年前模式，
到中國與未來總理會談。民進黨除了欲發動五二〇街頭抗爭，
中國政策似乎歸零，一切從頭做起，忘掉曾長期執政，已提出
不少中國政策。是否支持特赦阿扁，民進黨中央更令人啼笑皆
非，一切推給馬總統，凡事負面思考，還怕自取其辱，難怪
形象不佳。阿扁功過，坦然而言，已無太大意義;除了歷史學
者，一般美國人民對前任總統的功過興趣缺缺。大家關注的是
現任總統表現良否。相信台灣人民亦然，阿扁是否特赦，在於
他曾任八年國家元首，以政治發展及政治和解分析。

　　台灣政局未來四年仍是國民黨主政，應負一切成敗責任。
民進黨四年之後可能取而代之，兩年後九項公職人員選舉，國
民黨施政表現與民進黨得票有關。民進黨不必杞人憂天，更不
必為國民黨施政不佳操心。但是人民所以支持民進黨在立法院
取得四十席，未來四年任何政策與人民福祉息息相關。對美政
策、中國政策，重要性不言自明。十二年國教、全民健保、油
電價調漲、都市更新、人民財產自由等，主要在野黨替代方案
何在？人民有知的權利。

　　民進黨在過渡期表現欠佳，情有可諒，但值得反省，政黨良性競爭，各自端出牛肉，選舉與非選舉皆然，才是民主常態，人民之福。民進黨主席任重道遠，整合全體黨員、立院黨團、執政縣市、昔日政務官、專家學者及社會團體，適時提出政策方案，否則人民即使對國民黨政府不滿意，也對民進黨沒有信心，民進黨在二○一六年執政，更遙遙無期。

33 食安問題引爆治理危機

　　餿水油風暴之後，又爆出飼料油混入食用油，再度引發食安危機。自去年大統黑心油事件、毒澱粉事件，一連串食安風暴，消費者人人自危，政府的保證一再出包，政務官下台，修改食品法規，從嚴處罰，行政院長親自領軍，主持多次食品安全危機會議，可是歹戲連棚，已辭職的前衛生福利部長邱文達不諱言，尚有兩家大型食品廠有問題。此種長期累積成為結構性沈痾，任何時刻均可能暴發，只有對症下藥，規劃短期、中期、長期策略，才能逐步改善，最後釜底抽薪消弭無形。

　　食安事件充分暴露中央政府及地方政府的治理危機，橫向聯繫、縱向領導均十分欠缺，針對弊端，各界紛紛提出解決措施：從源頭掌控，生產、銷售、檢驗、品管等過程透明化、課責相關廠商自行管理；修改法規，從嚴處罰，令不肖廠商付出昂貴代價，不敢以身試法；政府成立新機關，專責食安問題，例如行政院本部設立食品安全處，任務編組的行政院食品安全小組，由行政院長親自擔任召集人，俾能統整各部會，以及中央與地方政府聯繫工作。這些建言，均可考慮，相信政府相關部門也心知肚明，早已有相關研究報告或可能腹案，只是遲遲未執行，主管機關及首長未有效考核執行成效，日積月累，一發不可收拾。

　　作者曾擔任台北市政府、行政院研究發展考核機關首長，長達八年，對於地方政府、中央政府治理危機略知一二。以食品安全為例，中央政府及地方政府均責無旁貸，油品事件而言，原料來源多元化，主管機關包括農委會（飼料油、動植物混合油）、環境保護署（廢食用油的總量與去處）、財政部（進口油品的海關管制）。法定主管機關衛生福利部食品藥物管理署，已經是下游的確保食用油品安全，各地方政府則負責第一線稽查任務。中央部會如果缺乏整合，地方政府又各自為政，中央政府對於地方政府，除了計畫型補助款工具（統籌分配款一切依法處理），沒有考核權，只有道德勸說，無可奈何。坦然而言，食安問題只是實例之一，其他防災、公共安全、都市計畫、社會治安、福利津貼、地下管線等攸關人民福祉、政府效能的重大課題，均是如此，中央政府及地方政府均出現治理危機。

　　修改法規，參考歐美日本等先進國家作為，全民教育及覺醒，公民力量崛起，立法部門監督，在野政黨有效制衡，均可提高行政機關外控效益，以及治理策略及工具。設立新機關，則宜從長計議三思而行，現有機關或許預算不充裕、人力不足，但是法定職掌已經綽綽有餘，只是執行力不佳，首長未有魄力貫徹到底，並責成所屬依執行績效，有效考核成果，作為獎懲依據。如果為了跨機關整合，中央政府及地方政府協調，動輒在行政院本部設立內部單位，反而效果不佳，以現有行政院本部設立超過二十個單位，已經遭人詬病功能不彰。

　　特任部長豈會接受十三職等行政院本部處長協調，加強內閣一體，課責部會首長貫徹執行與有效考核，行政院長、副院長、政務委員所主持任務編組，不要淪為形式，扮演積極協調整合各部會角色。任務編組的主要幕僚部會（例如食品安全小組由衛生福利部擔任幕僚小組，行政院本部內部單位也有負責食品安全的處）。

　　至於中央政府與地方政府的縱向領導及橫向聯繫，現有大理石式分工模式，中央政府立法、預算補助，地方政府執行，雙方密不可分，但也容易出現互相推卸責任，尤其事件發生。加上政治因素，更是犬牙交錯，高雄氣爆事件，近幾次食安事件均是顯例。秉持地方自治理念，以及現行地方政府首長的強勢作為，中央政府只能運用智慧，例如民意、協調機制、補助工具等，與地方政府齊心協力。除了台北市等少數地方政府，均仰賴中央政府經費補助，也不會刻意與中央政府大唱反調，人民力量足夠推動中央政府及地方政府的攜手合作。

34 民進黨要有完善的對美政策

　　民進黨新任主席會見美國重要智庫代表，表示民進黨反對含有瘦肉精美牛進口，但不表示反美。馬英九總統公開質問民進黨：該黨對TIFA、TPP的政策何在？民進黨目前不是執政黨，該黨的美國政策尚未成為台灣的美國政策。可是民進黨是最大在野黨，又曾在中央政府執政8年，民進黨欲在二〇一六年邁向執政之路，美國政策何在？必有至深且巨的關聯。

　　二〇一二總統大選結果，民進黨失利，該黨上上下下檢討失利原因，紛紛指向未有具體的中國政策，新任主席也強調回復中國事務部運作。其實，左右台灣前途兩大外在勢力：美國與中國。這是基本常識，六十年始終如一。坦然而言，民進黨的成長，與美國密不可分，美國推展民主外交，對民進黨的茁長，甚至在二〇〇〇年中央執政，均有助益。陳水扁就任總統提出四不一沒有的主張，美國的痕跡，國人心知肚明。

　　陳的台灣前途主張，以及一些措施，引發美國的不滿及不信任，民進黨與美國關係下降，蔡英文花了心血彌補，但是涉外代表過度集中、尚未提出完整對美政策方案、民進黨群龍無首、早期海外親民進黨的台僑已漸失代表性。民進黨與美國漸行漸遠，甚至有美國在二〇一二年總統大選支持馬英九的說法。其實美國政府對台灣兩個政黨，不會過度偏袒一方。美國重返亞洲策略已一清二楚，與中國既合作又對抗的微妙態勢，仍形成中，台灣是美國重要的安全與經濟夥伴，首度由美國國務卿口中說出。馬英九政府一方面與中國改善關係，另一方面也與美國合作。重啟TIFA，爭取美國支持參加TPP，對國際現況及走向、美國政治經濟戰略、台灣的未來政治經濟發展等，稍有涉獵者，均了解這是必然的選項。

令人遺憾的，民進黨內部對處理美牛問題，未有周全思考。比照歐盟模式、零檢出、護衛國人健康、扮演黑臉角色爭取國家更大利益等，均可肯定。但是凡事適可而止，拿準分寸，則是考驗智慧。必須強調不是反美，又無完整論述，民進黨如何取信國人，以及對台友好的美國友人。支持民進黨的台灣選民，不乏知美、親美人士，民進黨欲對中國政策大辯論，找出未來具體可行的中國政策，也不妨用些心思，探討、擬具美國政策。不論中國政策或美國政策，均要實事求是，不抱持一黨之偏，以國家人民為念。台灣處在美中強權之間，生存之道乃是理性智慧，而不是感性偏執。不要重踏陳水扁執政時覆轍，尤其曾在扁政府服務的國安、大陸、外交系統的政務官，更宜小心謹慎。

所謂兩黨外交，強權國家仍須超出黨派，集體對外，台灣更應如此，尤其攸關全民福祉的中國政策、美國政策。對民進黨課責，當然對目前執政的國民黨政府更全力要求。全體國人也宜理性以對，智慧的國民，才有智慧的政黨及政府。

35 不要低估台北市民的智慧

　　有媒體標題：首都選戰格局愈看愈心煩，內容指出連勝文、柯文哲從過去的互抓內鬼、行程防漏，日前的錄音檔外洩，情報戰規格創下首都選戰首例。不過選民真正關心的是市長參選人的人格品行、判斷力及政策牛肉，並不樂見這一系列霧裡看花的情報戰，愈看愈心煩。

　　上述文字相信道出不少台北市民的心聲，兩位政治素人參選台北市長，曾引起不少首都市民的憂心，不知道如何投票？因為歷任台北市長的政治歷練、行政經驗、專業能力等，均是一時之選。台灣有史以來，三位民選總統：李登輝、陳水扁、馬英九，均曾任台北市長。如今兩位政治素人代表參選，有些選民一時之間不知所措，如何取擇或甘脆放棄投票。但是民主政治定期選舉，神聖選票豈可輕易放棄，只好在兩者之間擇其一，況且兩位政治素人，學經歷仍在一定水平之上，選民還不必被逼得在兩個品質不佳貨品之間擇其一的無奈。

　　台北市得天獨厚，市民水準全台灣首屈一指，雖然有些人不以為然，並以天龍國封號相譏。但是不論從政治、經濟社會角度，以及種種客觀指標：例如市民平均教育程度、收入及資產、職業結構、社會階層等，領先其他各縣市。台北市政府預算充裕,員工平均素質佳,人力足夠,各項公共建設遙遙領先,其他縣市稱羨不已。台北市早以國際城市自勉,歷任市長均以邁向國際大城,與國際城市競爭,全體員工亦然,不少市民也有高度共識。兩位政治素人,國際歷練尚佳,應該可以創新與承續台北市發展方向。

兩位候選人從口水戰,到提出琳瑯滿目政見,雖然市民有些目不暇給,而且政見陣營找人操刀,是否實踐,尚是未定之天。此種轉向,首都市民樂觀其成,可惜好景不常,目前又陷入撲朔迷離情報戰,選民眼花撩亂,不少人不以為然。任何民主國家,選舉過程免不了雙方陣營針鋒相對互揭瘡疤,候選人一言一行,過去表現,被拿到陽光下檢驗,理所當然。有時候包括家人也受到波及,如何適可而止,與政治文化、民主進展程度等有關。連勝文的權貴子弟形象、家財萬貫、本人及家人錢從那裡來,連欲角逐首都市長寶座,應早有心理準備。

柯文哲大同小異,台大醫師的社會聲譽,連民進黨也甘拜下風,本人及家入既投入選戰,一些資料曝光,如何自己辯駁,也是早已預料之中。可是除此之外,台北市民希望看到兩位政治素人如何證明,可以勝任未來市長工作,包括他們的團隊、政治奧援。一流台北市民,曾經令施政滿意度七成的市長連任失利,原因錯綜複雜,可是當事人及其團隊,只有虛心檢討不足之處,坦然接受結果。

　　作者曾任台北市副市長，相信對首都市民，有相當程度了
解，兩位政治素人，絕不可低估台北市民的智慧，在未來選
戰，重返正軌，大家拭目以待。

36 習拋一國兩制台灣如何接招

　　中共總書記習近平會見統派參訪團時表示：在涉及國家統一和中華民族長遠發展的重大問題上，大陸旗幟鮮明、立場堅定，不會有任何妥協和動搖。和平統一、一國兩制是大陸解決台灣問題的基本方針。兩岸統一是結束政治對立，不是領土和主權再造，如何實現會考慮台灣現實狀況。

　　習近平強硬的對台政策，其實在中國對台辦主任張志軍今年八月訪問美國之後，中共提出習六點時已曝顯無遺。包括：兩岸政治分歧不能一代傳一代，一中框架內與台灣平等協商。中華民族偉大復興的過程，台灣前途與中國息息相關。堅持九二共識，反台獨，一中框架，兩岸一家親，尊重台灣民眾社會制度與生活方式，破解兩岸政治分歧，創造有利條件。比較習六點，與二〇〇八年十二月胡錦濤的胡六點，在大中華民族主義之下，已掌握大權的習近平台灣政策，對台灣構成的壓力，與日俱增。

　　九二共識一中各表，一中的框架對台灣的束縛已不可低估，如今變本加厲，又重提一國兩制。中國對香港一國兩制有新的詮釋，一個中國，香港是行政特區，權力來自中國政府的授予，二〇一七年行政特首、立法局議員，不能完全普選產

119

生。此種強硬政策也適用於西藏、新疆等分離運動，對台灣如此不言而喻。習對台灣事務耳熟能詳，他與日本、美國交鋒，對內整頓貪腐，周永康、徐才厚等重量級人物紛紛中箭下馬。中國大陸雖然濟成長率暫緩，內部社會等問題不少，但是全球第二大經濟體，以大國外交與美國分庭抗禮。

美國在二〇一一年宣佈重返亞洲，前提應是結束阿富汗、伊拉克戰爭，兵力重新佈署，加上TPP等。可是敘利亞內戰、利比亞、伊拉克等衝突迭起，尤其令美國、歐盟困擾不已的伊斯蘭國（IS）。美國短期無法完成在亞洲的再平衡戰略，日本安倍政府與美國充份合作，調整自衛原則，甚至欲修改憲法第九條，增加國防預算，設立國家安全專責機構。東海、尖閣群島等，中、日劍拔弩張，但是美日仍尋求與中國在國際、亞太地區等政治、經濟等事務，合作與競爭雙軌策略。

台灣處在微妙及新的局面，壓力不低。政府已表明反對一國兩制，重申不統不獨不武及在九二共識一中各表基礎，推動兩岸和平發展。引起誤會的德國之聲也更正：最終實現統一的經驗更正為：願意學習兩德處理雙邊關係的經驗。民進黨蔡英文主席也表示兩岸關係維持和平穩定發展，是各界共同的目標，但台灣的前途由二千三百萬台灣人民共同來決定。

捫心自問，台灣朝野政黨及其支持者，對台灣未來、兩岸交流等看法，或許容有差異，但是面對中國來勢洶洶，國際情勢新的變化，沒有政黨會有出賣全民福祉的情事。民主多元社會，相互尊重異見，不要輕言否定對方。坦然而言，大中華民族主義高漲之下，台灣如何接招，唯賴政府、政黨、全民等，共同運用智慧，集思廣益，尋求良策。

37 影子政府的運作之道

　　新科立委於二月一日正式上任，民進黨四十席，台聯三席，超過三分之一席次，加上民進黨在總統大選獲四成六選票，台灣政治發展有機會由過去四年的一黨獨大，走向兩黨政治。前提要件包括：國民黨要放棄一黨獨大心態，尊重文官體制，維持行政中立；及課予民進黨責任，扮演在野黨角色，強化政策論述能力，以影子政府自我期許。

　　民進黨曾在中央政府執政八年，蔡英文在此次總統大選主導選舉議題，十年政綱構思甚佳，可惜未深入提出具體政策。小英已決定成立辦公室，邀請學者專家及曾任政務官者，共同研討新政策。由於她已不續任黨主席，未來民進黨中央、立院黨團與小英辦公室，三者之間如何互動，值得觀察。小英於四年前接任民進黨主席，將該黨由低谷回升，並親自出馬角逐總統大選。雖然不能如願，卻雖敗猶榮，對民進黨功不可沒。坦然而言，小英為民進黨爭取不少中間選民，尤其年輕人及中產階級。她也改變民進黨形象，理性溫和，有國際觀、基本學養及論述能力，這些是往昔民進黨政治人物所缺乏，民進黨欲邁向執政之路，絕對不能再走回頭路，珍惜小英所打下基礎，發揚光大。

　　民進黨中生代大批進入立法院，這是民進黨希望之光，加上六位縣市長，除了努力經營地方，尤其台中以北。加強論述能力，針對中國、經濟、政府效能及社會正義等議題，提出系統性政策；俾使人民比較良否，這是民進黨的責任，也是台灣民主發展，不可或缺的道路。欲達成此種角色，平時就要做好功課，民進黨中央政策會，傾民進黨智庫，以及未來小英辦公室，均責無旁貸。民進黨不少人士專長選舉造勢，卻乏政策規劃能力，小英是其中異數；民進黨走向執政最後一里，不是單純九二共識或修改台灣前途決議文，而是重拾人民對民進黨有執政能力的信心，尤其政策規劃及執行能力。

　　台灣不是內閣制國家，影子內閣運作模式無法完全適用。包括民進黨或國民黨均不是內造政黨，行政立法政黨三者合一。可是半總統制或總統制國家，主要在野黨，影子政府的運作型態，也日漸接近內閣制國家。以美國為例，在野黨不論是否在參眾議院獲得多數，國會黨團凝聚力愈來愈大，已有影子內閣架式。台灣介於總統制與內閣制之間，影子政府的運作方式，民進黨立院黨團備受正視。未來民進黨主席及二〇一六年可能總統候選人也是重要角色。民進黨以前也有人運作影子政府，可是未具充分代表性，當然無法成功。未來一定要各方面集思廣益，才能找出可行之道。

　　台灣是否走向兩黨政治，除了單一選區使然之外，人民的投票取向也是主力。民進黨不能有負人民託付，務必強化政策規劃能力，朝影子政府運作，台灣面對中國威脅，國內外政治

經濟社會挑戰，政策議題不勝枚舉，負責任的在野黨如何不辱
使命，不言自明。

38 地方政治超乎黨派

　　台北市長參選人柯文哲日前成立競選總部時表示：他如果當選台北市長，在任內不會加入任何政黨；未來台北市政府的政策首長全部退出政黨運作。柯大聲疾呼在野大聯盟，倡導和解，認為台北市長的選舉是和解與對決的歷史方向的選擇；過去藍綠對立、意識形態對立，撕裂了市民之間的感情，也造成整個台灣社會的內耗。他主張在野大聯盟，首先整合各政黨，再來整合公民團體，最後團結全體市民，從和解走向合作，要脫離意識形態或過去台灣社會造成的內耗，重建台北市成為一個公平正義的社會。

　　柯文哲應是有感而發，也是不少台北市民，甚至多數台灣民眾共同心聲，台北市民雖是首屈一指的首都市民，但是職業結構、族群分佈等因素，陳水扁於一九九八年，以施政滿意度70%，仍連任失利，究其原因，不言而喻。十多年來，意識形態對抗愈演愈烈，台灣更形成南北對峙，朝野政治人物十之八九，不以國家發展為念，力挽狂瀾，反而推波助瀾，謀取政黨或個人、派系利益，此種現像，令人憂心如焚，國家未來處境，有識之士，頗不樂觀。柯所提出在野大聯盟，所以掀起旋風，不難理解，台北市民是否另創歷史，成為全國表率，在此一役，端看十一月二十九日開票結果。民調落後的連勝文，除了大打個人私情，始終如一，並透過發言人表示柯不入黨，本就深綠。何謂深綠？包括作者是三十多年政治學教授、擔任十多年政務首長，也不知所以然。

　　政治學有兩句大家耳熟能詳的名言：第一，所有政治是地方性；第二，地方政治係超乎黨派。沒有地方哪來中央，美國早期是邦聯政府，逐漸轉型為聯邦政府，但是州級政府自治權甚大。其他民主國家大同小異，例如最近的大英聯合王國，蘇格蘭雖然獨立公投失敗，但英國內閣承諾給予蘇格蘭更多自主權，包括財政、經濟等事務。法國、日本等係民主國家之中，地方政府自治權較少，中央政府權力較多的國度，但是長期趨勢，地方政府自治權日愈擴大，中央政府與地方政府形成夥伴關係。台灣亦然，尤其直轄市政府財政自主、轄區範圍不小、首長定期民選、自行任用執政團隊，中央政府只有立法規範，考核權大打折扣。民選總統全部由地方行政首長脫穎而出，行政院長及部會首長沒有民選基礎，立法委員以參選地方行政首長為優先考量。此種政治菁英流動模式，更凸顯地方政府的重要性。

　　地方政治係超乎黨派，也是政治學及政治現象極少數的準定律。政治現象錯綜複雜，因此甚少準定律，寡頭鐵律、單一選區傾向兩黨政治、最小獲勝聯盟等；政治發展理論之中第三波、政治逆退、保守政黨復辟等，頂多是歸納趨勢通則，稱不上準定律。地方政治係超乎黨派之所以為政治學者所接納，因

　為印證之事實，八九不離十，地方政治與中央政治，大異其趣，性質迥然不同。中央政治不少涉及國防、外交、全國經濟等，在全球化、國際化、資訊化時代，避免不了包括主權、人權、涉外事項，不可能沒有意識形態、國家認同；地方政治則大相逕庭，地方首長能免則免，做好本業，沒有必要放言高論，對敏感政治大放厥詞，其他等而下之的地方民意代表、政務人員，更沒有必要自找麻煩，動者針對政治事項發表高論。

　作者先攻讀經濟學，再主修政治學，對政治學略知一二，又先後在台北市政府服務四年，中央政府任職八年，深諳中央政府與地方政府的異同。即使最有政治氣氛的台北市政府，市長、副市長、一級局處長，均無必要介入黨派，超然中立行使職權，必然海闊天空，如魚得水。反之，只有自我侷限，礙手礙腳，無法推動政務。中央政府則沒有此種特權，政治如影隨形，長相左右。

　柯深諳政治奧妙之處，掌握台灣特殊政治情勢，有鴻鵠之志，如果腳踏實地，團隊一步一腳印，相信不少台北市民及台灣人民，樂觀其成。

39 行政中立係國家安定的基石

　　台北市長選舉，民調領先的柯文哲，成為國民黨政府追殺對象，傾全黨之力欲撲殺，選舉奧步傾巢而出，死馬當活馬醫，欲力挽狂瀾，搶救低迷不振的連勝文。國民黨的所作所為，一切在全民預料之中，但是成效如何？由最近相似民調可窺知一二。但是有宇昌案的前例，對國民黨沒有失分，何樂不為。

　　可是行政中立卻大打折扣，行政中立係國家安定的基石，在民主成長的國家，重要性不言而喻。國民黨政府不能為了貪圖一時便利，付出昂貴破壞行政中立，影響國家安定的代價。除了MG149遭到包括國民黨立法院黨團、審計部、台大醫學院等聯合圍剿，國稅局發文要求一些民間團體提供相關憑證資料，柯文哲又被政治追殺，遭鎖定查稅。此地無銀三百兩，國稅局雖振振有詞表示：有人來函檢舉，秉於職責進行資料蒐集，絕非選戰打手。行政院長江宜樺表示他要求各部會配合調查，但絕對不會違法行政中立。公權力淪為打手，柯身陷風暴，屹立不搖，依照既定行程，赴美取經，可圈可點，更證明經得起大風巨浪考驗，已非昔日的政治素人。

　　柯遭國民黨黨國圍攻，怒嗆比北洋政府還野蠻，他早就心理有譜，這場市長選舉，係個人對上整個國家機器。國民黨政府的濫用公權力，破壞行政中立，一定要適可而止，否則人民看在眼裡，自有公斷。宇昌案或許嘗到些許甜頭，變本加厲效用反而遞減，況且此次動用國家資源空前浩大，規模竟然不低於總統大選，除了自知大勢不妙，二度執政政績不佳，民意支持度剩下個位數，危機感加深，更加不擇手段。只是少數領導階層一意孤行，全國行政司法情治人員，大可不必隨之起舞。黨籍立委、政黨幹部尾隨表態，尚情有可諒，其他代表政府公權力的行政機關、司法機關、情治機關，務必秉持中立，超越黨派，國家發展及政治安定，完全繫乎各位一念之間。

作者曾任台北市政府副市長兼研考會主委、行政院研考會主委、考選部長，前後長達十二年。與高級常任文官、各級文官，接觸不計其數，他們的優點一清二楚：專業性高、不想介入政爭、力求行政中立。任何政黨執政，身為長官的政務官一定要自我約束，不要破壞得來不易、逐漸成型的行政中立文化及規範。高級常任文官是國家寶貴資產，政黨可能輪替執政，他（她）們重要性更非比尋常。作者擔任行政院研考會主委任內，有十一位同仁目前膺任行政院本部高級主管：副祕書長、顧問兼院長辦公室主任、六位處長、三位副處長。其他在各部會擔任十二職等以上高級文官，昔日同僚超過三十位，業務往來的舊識至少百位以上。作者對他（她）們堅持行政中立，有高度信心，期盼現任政務官們（不少作者昔日同學、大學同事、長期朋友）也務必尊重行政中立。

　　為了國家長治久安齊心協力，以作者的認知，朝野政黨負責人及重要幹部，均有本土之愛，肩負使命感。政治競爭本來就是常態，但是民主政治有其競爭規則，不是零和你死我活，方法自我掌握，絕對不可犧牲行政中立、濫用公權力等損害國家安定的基石。

40 兩岸新階段民主新角色

　　馬英九總統在雙十國慶以民主為傲，以台灣為榮發表演說，他以自由民主的憲政體制為主軸，除支持香港爭普選行動，並疾呼對岸，此時此刻，正是中國大陸走向民主憲政最適當的時機，讓香港先民主起來。馬的談話引起北京不滿，大陸國台辦發言人范麗青措詞強硬地回擊稱，對於香港政改，台灣方面不應說三道四。

　　習近平接見統派人士提出和平統一、一國兩制是解決台灣問題的基本方針，馬習會也宣告破局，兩岸關係出現新的局面。馬總統除了重申九二共識、一中各表，拋出民主憲政的課題，或多或少有與對岸較量的意含。一國兩制在台灣不被認同，習近平為何老調重提，除了肯定國內統派團體，反對台灣獨立，向香港民主派人士喊話，預防性警告等原因之外，中國大陸內部因素也不可忽略，掃貪肅腐、鞏固政權、國力強大、大中華民族主義抬頭等。對於美國大國外交，對日本的強硬態度，對藏獨、疆獨、香港真普選運動，均不手軟。

　　台灣人民與政府如何因應，馬公開反對一國兩制，重申一個中國各自表述的九二共識，並說明包括維持台海不統、不獨、不武現狀，都是依據憲法所制定的政策。馬除了回應習近平一國兩制，不表同意之外，另打民主牌，化被動為主動，也畫清談判底線。相較胡六點，習六點來勢洶洶，兩岸近六年先經濟後政治，先易後難的實質接觸談判，雖有不少進展及成果。習近平多次表示兩岸政治談判的必要性，兩岸和平統一的必然性，並將統一與中國民族主義結合。台灣人民及政府領導人均宜知己知彼，理性客觀分析，尋找可能對策。坦然而言，習的一席話，對台灣內部凝聚共識，反而有些助益。朝野主要政黨及政治人物均公開表示無法接受一國兩制，在此共識之下，有關台灣前途、兩岸關係、兩岸現階段如何交流，即使仍有異見，但仍可透過理性對話，找到較佳彼此可接受方案。

馬總統提出民主憲政，雖然中國大陸不悅，可是對方心知肚明，台海兩岸政治、經濟、社會制度等，本來就有差異，習六點也提到保障台灣既存經濟社會制度。國台辦發言人抨擊台灣不要對香港政改發聲，也仍然表示大陸尊重台灣政治發展、社會制度和生活方式的選擇。台灣對香港人民爭人權自由民主的實際影響力有限，但自然流露地表達支持，也是向中國大陸當局表示護衛民主自由體制及生活方式的決心。李登輝前總統台灣需要二次民主改革，蔡英文主席民主是我們共同顏色，不約而同反映朝野捍衛民主。

台海兩岸政治、經濟、軍事等力量日益懸殊，台灣處在崛起的中國大陸周邊，如何與其相處，並掌握國際政治經濟發展，與美國、日本、歐盟、東協等國家合作，謀取國家安全及利益。這些均需運用理性智慧，絕非感性率直及主觀意識形態，台灣的優勢之一，當然是民主自由人權等生活方式及體制。此一得來不易，歷經先人犧牲奮鬥及當時主政者因應時局彈性措施成果，國人務必珍惜共同維護。台灣的民主憲政不是盡善盡美，包括憲法及憲政體制、政治運作、政治人物風格、人民政治行為、民主政治文化、政府效能等，均有待加強。明年總統大選，可以作為選舉議題，大家集思廣益。

　　中國大陸的政治發展，全球矚目，攸關十三億人民生活方式，與台灣前途也息息相關，馬總統意有所指讓香港先民主起來，也是中國大陸走向民主憲政最適當的時機。中國國台辦立即不甘示弱回擊，不言而喻，兩岸本來就是既競爭又謀取和平共存，彼此相互學習，切勿以大吃小，或零和賽局。兩岸關係邁入新的階段，民主憲政扮演不可忽視的角色。

第二篇

——

經濟社會

1 政府請客企業買單人民受益

　　每逢選舉，各主要政黨及候選人大開社會福利支票，競相討好選民，漫天開價欲換來選票。坦然而言，此種變相賄賂，後患無窮，政府債台高築，少數人民即使短期受益，債留子孫，形成世代不正義。或是政府為彌補財政缺口，加稅或減少公共投資、社會福利支出，人民不但未蒙其利反受其害。

　　政府的角色及功能，因不同意識形態及政治體系，有所不同。小而美政府或無所不能政府，對人民生活每層面均無微不至地照顧，不同思維，政府組織規模、業務功能當然大異其趣。國內一些人士喜歡以若干北歐國家為仿效對象，認為這些國家社會福利措施（社會救助、社會保險、福利津貼等），人民生老病死，住行育樂，政府均不缺席，因此人民幸福指數，領先群國，頗值引入國內。這種似乎有理的話，極易打動人心，可是天下沒有白吃的午餐。不少北歐國家，政府稅收佔GDP40%左右，台灣只有12%，天遠地差大相逕庭，國人是否同意支付數倍稅負，換取所謂社會福祉。人民對目前政府及政府官員是否有足夠信心，確信他們有能力造福全民。

　　政府的社會福利措施以社會救助、社會保險、福利津貼三類為主。包括中央政府及地方政府分攤上述經費，不少地方政府入不敷出，每年歲入不及人事費用，遑論公共建設及社會福利支出。仰賴上級政府補助，或向民間部門求援，此外就是大量舉債，在法律邊緣舉債上限打轉。地方政府除了少數例外（例如台北市、新北市、台中市），其他十之八九財務困窘。中央政府狀況也大同小異，負債即將達到法定上限。可是各級公職人員卻紛紛開支票，討好選民，反正任期頂多八年，屆滿一走了之。

政治家與政客最大差別，應是後者只考慮個人及所屬政黨眼前利益，一切只有選舉勝利拿到政權，政策制定缺乏高瞻遠矚，個人政黨小利凌駕國家利益之上。政治家則深謀遠慮，時時以國家長治久安為念，公共政策制定，充滿遠見，以最大多數人民最大幸福為準則。台灣當前的政治文化，國民及民進兩黨在中央政府主政的十四年，施政表現令人不敢恭維，有遠見、魄力的政治家幾稀，屈指可數。總統、行政院長、立法院，有理想的部會首長，沒有上述三者的支持，根本力不從心，甚難有突破性、前瞻性的施政作為。

長期照護保險法法草案預計在九月底送行政院審議，草案中要求雇主負擔保費6成，工商團體炮火全開，認為政府將社福政策財源往企業身上丟，政府開支票要企業來買單。包括健保、勞保、勞退等，政府、企業、員工三方負擔比率，本來就有爭議，追根究底在於政府在這些政策，應該扮演何種角色。有些國家政府只是規範者，不直接介入，係執法的裁判而非上場的球隊。可是國內政治氛圍，人民允許政府只扮演前者角色的機率似乎不高。

　　羊毛出在羊身上，社會保險政府事必躬親，財政窘態之下，政府開支票請客，企業買單，形式上人民受益。可是企業成本必然轉嫁給消費者，人民最終受益或受害，不言而喻。認真理性思考政府福利措施的應有角色，企業及人民部分藉由市場機制，從事社會（健康、長期照護等）保險、退休制度亦然。政客們也無法再刻意炒作，不負責任胡言亂語。

2 水資源匱乏誰來統籌

　　台灣地形特別，雖然雨季降水量不少，但是19%蒸發損失，59%流入大海。近年來氣候巨大變遷，汛期水災成患，枯水期嚴重缺水。水庫淤積嚴重，人民不支持再建大型水庫，水庫儲水功能大打折扣。部分地區長期抽用地下水，造成地層下陷，岌岌可危，減少抽取地下水，已是不得不然措施。

　　台灣水資源日愈匱乏現象，頗值正視。加上水權調配及水源分佈不均勻，問題更是不可低估。台灣水資源分配，75%用於農業灌溉，其他25%作為生活用水及工業用水，兩者比率約2:1。每逢枯水期只能調配農業用水，採取休耕補助措施。中部、南部地區，枯水期生活及工業用水時常告急。

　　台灣水資源的主管機關，分由主管農田水利的農委會及生活、工業用水的經濟部負責。事權未能統一，常常由行政院出面協調，行政成本偏高。經濟部水利署負責水資源規劃工作，該署由原經濟部水資源局與台灣省政府水利處合併。工作繁重，河川管理、防汛抗旱，在水資源整體規劃方面打了折扣。

　　水的生命週期與特質，水能載舟亦能覆舟，台灣河川、土石流、水災頻繁，治水防災已是中央政府與地方政府的重要工作之一。上水（自來水）、中水（雨水）及下水（污水），如何全盤規劃，以往未缺水狀況，政府不以為意，並未應有重視。與水資源貧乏國家，例如以色列、新加坡等相較，有關水再生、污水處理等政策及技術，她們均突飛猛進。國際大型水務公司在水多元化產品及相關技術也遙遙領先。日愈缺乏的台灣，已面臨急起直追不可的壓力。

目前負責水資源、自來水、污水下水道業務的機關不下十個；前述水資源計有農委會，經濟部水利署及水資源委員會。內政部營建署下水道工程處（未來規劃改制環境資源部下水道及環境工程局）。自來水業務則有：台灣自來水公司、台北市自來水事業處。工業區自來水、污廢水處理另由工業局負責。各地方政府負責下水道興建及維護工作，十之八九委由民間廠商操作。

水資源政策應是國家戰略層次的政策，可惜政府與人民均未能充分體會其重要性，造成水源未充分規劃，浪費情事不少，水價長期補貼，農業、工業、生活等用水不均勻合理配置。污水下水道在非都市地區幾乎掛零，污水處理仍停留在環境保護層次，尚未完全提昇到水再利用及再生水層次。

早在十多年前，政府即規劃設立環境資源部，統籌水資源業務，可惜迄今該部尚未立法通過正式設立。農業用水部分也未納入該部統籌。台灣生活用水本不匱乏，最近則出現局部限水措施。工業用水總量、分佈，也現警號，鋼鐵、石化、面板、半導體等產業，用水需求甚大，已需更完善設計。目前一些工業區再生水（或稱水資源回收），比率僅實際用水量1%，有待加強。

　　水資源與包括電、石油、天然氣等能源，併列國家重要資源，攸關國家經濟發展、人民福祉，政府部門務必要有前瞻性、全盤性規劃及作為。

3 國民年金的整合探討

　　行政院即將審議長期照護保險法草案，因應高齡化社會，除了推動長期照護保險法之外，國民年金制度的合理化，也是高齡化社會不可或缺的社會保障措施之一。台灣已經在一九九三年步入高齡化社會，據國家發展委員會的報告，推估將以三級跳方式，快速老化，二○一八將由高齡化社會轉為高齡社會，二○二五年，將由高齡社會轉為超高齡社會。

　　現行與國民年金有關的制度包括：勞工退休金、勞工保險金、國民年金、軍公教保險、軍公教退休撫卹等。另外老農福利津貼、中低收入戶老年生活津貼，加加減減不下十種。例如私立學校教職員、國營企業員工，也各自有自己的退休給付制度。這些不同制度有無必要整合，如果答案是肯定，又將如何整合，方向、原則、具體措施、由哪個機關主政，如何進行，時間多久，預算來源等。最核心議題乃是政府在此扮演何種角色。

　　國民年金在西方國家行之多年，台灣也討論一段時間。一九九○年代，由於農村人口老化，這些老人既沒有公保，也沒有勞保，得不到任何老年經濟安全保障，只能靠子女奉養，發放老人年金成為選舉議題之一。民進黨大力倡導，大聲疾呼普

及的社會保險、年金保險、失業保險等。一九九三年政府開始
研議國民年金制度，二〇〇〇年政黨首次輪替，行政院提出老
人福利津貼暫行條例，由於朝野看法不一，暫緩審議敬老福利
津貼，並於二〇〇一年實施國民年金制度。二〇〇二年當時經
建會提出歲改制、儲蓄保險制、社會保險制三種國民年金版。
二〇〇六年十一月行政院通過國民年金法草案，一般稱為小
勞保制，對象包含老年、身心障礙、遺屬年金，外加生育、傷
病、喪葬給付。

　　二〇〇五年七月勞工退休金新制實施，二〇〇七年七月國
民年金法通過立法，未將勞保年金法案同步通過，造成勞工保
險年金與國民年金脫鉤。二〇〇八年七月正式通過勞保年金立
法。國民黨再次執政，又將國民年金與老農津貼脫鉤，造成台
灣年金制度錯綜複雜，現在的國民年金制度體質不佳，泰半國
民選擇勞工保險年金，如期交費者也不及五成。我國年金制度
現存四大問題：制度分歧複雜、經費不足、行業不平及世代不
均。老年經濟安全保障不完整，各式各樣社會津貼，給付標準
不一，軍公教人員福利相對優於勞工。

　　老人生活保障，維持最低生存水準，最低限度的健康及文
化生活，符合人性尊嚴的生活，政府責無旁貸。但是國家資源
分配的合理性，維護社會公益與世代正義價值，政府必須集思
廣益，善加規劃可行完整的年金制度。社會福利性質的保障年
金（定額給予），與薪資所得相關的職業年金，自主年金，強
調提撥及運用效益。第一層保障年金宜整合各種社會津貼及社

會保險年金，為單一保障年金。合理調整不同職業別的職業年金，容許差異，但幅度不宜太大。個人平時的提撥儲存，適當地投資理財，係自主投資的私人年金（私有年金、商業年金、個人年金）。今年開始試辦，參與率甚低，國人還不習慣。

日前有人提出銀髮族新獨立宣言，頗值推動，國內相關調查，多數國人仍相信老年靠自己，而非政府或子女。當然對弱勢老者，政府義無反顧，應給予基本生活保障，其他則透過良好制度設計，達成各盡其能，各得其所，各遂其生的社會。現存多頭馬車各自行動的組織，必須整體調整，例如行政及考試兩院成立跨院小組，統一規劃，建構完整多層次年金的必要配套措施（併經濟與稅制改革），設立彈性的年金準備金監督管理機關，並調整經營策略（獨立運作的監督管理機關），允許此機關（構）自主的薪酬與獎懲制度，鬆綁相關法令，調整各種年金基金的投資與經營策略。

型塑全民改革共識，營造年金改革氛圍，時不我予，劍及履及著手進行，不可淪為空談，並造成人心惶惶。同時早日完成老人社會保障的制度。

4 政府基金管理組織的整合與轉型

　　包括勞工退休、勞工保險、國民年金、軍公教退休等四大政府基金，規模高達三兆六千億。運用良否，攸關全民福祉，對於政治及經濟效果，也有至深且鉅影響，其重要性不言可喻。

　　目前勞工退休及勞工保險，分別由勞動部兩個附屬機關：勞動基金運用局、勞工保險局負責管理。後者由事業機構改制為行政機關，前者係今年配合勞動部昇格，才正式設立，由勞保局辦理勞保及勞退基金操作人員，及勞退監理委員會所合併。該局顧名思義以操作基金為主業，當初設計為行政法人，便於彈性用人，晉用真正瞭解資本市場操作的人才，薪資也可以彈性化。可是在立法院審查時，卻大幅度調整，仍以行政機關設置。本來規劃，勞退及勞保管理機關及基金操作單位分離，前者是行政機關，具有行使國家意思，享有部分公權力，依法設立。後者則是基金操作單位，規劃為行政法人或公司財團法人。可惜事與願違，未來該機關如何運作，可能煞費周章。

　　國民年金的建置迄今只有六年，由於先天體質失調，目前仍是摸索階段。主管機關法定是衛生福利部，目前業務委託勞動部，不及六千萬的基金，分由勞保局及勞動基金運用局負責。

未來衛福部有必要設立國民年金局統籌業務。國民年金監理機關維持不變，基金操作仍可委由勞動基金運用局統一運用。

公務員保險業務由原中央信託局，隨改隸台灣銀行，由台銀設有專責單位負責，台銀另負責舊制勞退基金（二〇〇五年改為可攜性勞退制度）台銀是專業金融機構，基金操作駕輕就熟，未來是否全部併入勞動部統籌，應未雨綢繆，列為考慮。至於由考試院管理及監理的軍公教退撫，暫時保持現狀，俟軍公教退休制度相關法規修正之後，再全盤規劃是否與前述三大基金整合。

私校部分、農民保險、全民健康保險等各有法令，各自運作即可。現階段政府基金委外或自行操作，獲利偏低、若干弊端、資產管理、長期累積虧損等，均不可等閒視之，全面考量政府基金的管理組織整合及轉型，才是釜底抽薪之計。

5 政府基金運作的績效評估

　　我國政府各相關部門，因法律明文規定而設置基金，不勝枚舉，這些基金有的以財團法人基金會型態運作，有的只由該部門內部成員負責操作，也有仍以行政機關型態負責作業。例如中華經濟研究院、工業技術研究院、商業研究院、農業研究院、地理資訊中心等。這些財團法人，有些是政府部門獨資，有的與其他政府部門、民間團體、企業等合資。政府部門撥款方式，有的一次到位，有些則逐年編列預算補助。前者政府部門的掌控力式微，加上不少財團法人基金會受到現行法律規定的保障，董事會成員係封閉的，原來捐助的政府部門不能隨心所欲指派董事，更遑論董事長或CEO，名實相符的放牛吃草。蔣經國基金會即是顯例。

　　至於只在政府部門內部自行操作營運基金者，比比皆是，例如國發會早期中美基金、國家發展基金，包括考選部因為有試務固定收支，也設置基金，預算比較彈性化，與年度公務預算區隔。政府部門有經常收入及支出者，雖然設置目的不是追求最大利潤，與私人企業或公營企業，性質大異其趣。但是仍須有成本效益原則，追求有效利益。坦然而言，類似政府部門內部基金，甚少指定專人負責，行政機關人員晉用、升遷、考核等方式，比較僵硬，這些基金不少經營績效不彰，有的虧損累累，但是乏人負責。頂多主計部門、審計部門、立法部門年度報告，批評幾句。當然長期經營不善，乏善可陳，有時監察院提出糾正，甚至對相關當事人提出彈劾，可是此種情況十分罕見。

今年勞動部正式設立，以前包括勞工保險、勞工退休（舊制、新制）、國民年金（主管機關內政部，現移到衛生福利部，由於基金規模約六千萬，尚未成立國民年金局，業務委託勞動部）。除了舊制勞工退休基金委託台灣銀行辦理基金收支、保管及運用業務，其他均由勞保局負責。勞保局係依行政作用法（勞工保險條例）成立的，早期被界定為事業機構，與港務局、中央健保局、台北市政府自來水事業處等均同。政府機關依據其執行公權力，國家意思表達等，區分行政機關、行政機構，兩者均依法律設置，前者公權力性質較強，國家意思表達強烈，類似中央政府各部會，所轄三、四級機關（例如法務部調查局、內政部營建署、經濟部工業局），均是行政機關。至於社會福利、公共衛生、公共教育等部門，公權力行使較低，國家意思表達不高，以行政機構設立，例如公立醫院、公立社教館、公立教養院等。

獨立機關依法獨立行使職權，例如中央選舉委員會、行政院公平交易委員會、國家通訊傳播委員會。事業機構及營利機構，後者一般以公司（社團）法人登錄，例如目前的公營企業，台電、中油、台灣自來水公司等。前者如前述勞保局、中央健保局、港務局等。事業機構在國內外均不常見，人員晉用、福利比照公（國）營企業，可是這些部門法定盈收不少，又具有部分國家意思表達以及公權力行使。因此近年來紛紛改弦易轍，勞保局、中央健保局（現更名為中央健保署），由事業機構調整為行政機關。包括基隆、台中、高雄、花蓮四個港務局，在交通部設置航港局，係行政機關，另設國際港務股份有限公司，係公司法人公營企業。前者負責港政，後者負責港務工作，前者有公權力、國家意思表達，後者則是企業經營。

勞保局改為行政機關，另設勞動基金運用局，負責包括勞工保險、新制勞工退休、國民年金等收支、保管及運用業務，基金額度高達數兆元，責任重大。勞動基金運用局本來規劃為行政法人，我國目前已有行政法人法，五個行政法人：科技部國家災害防救科技中心、文化部國家表演藝術中心（原國立中正文化中心）、文化部臺灣電影文化中心、教育部國家運動訓練中心、國防部國家中山科學研究院。行政法人概念源自英國agency及日本獨立行政法人，考慮部門性質，以及用人彈性化、預算結構鬆綁，有別於行政機關或行政機構。勞動基金運用局負責基金投資政策擬定、勞動基金自行操作及辦理委外代操作業務，成員晉用、升遷、薪資、獎金等，應有別於一般行政機關。可是在立法院審議時事與願違，仍是行政機關，執行工作綁手綁腳，是否勝任未定之天，未來國民年金局設置，應避免重蹈覆轍。

　　組織健全，組織績效才能彰顯，樹立一套良好的績效評估制度，政府基金才能避免沈疴，調整體質，化為積極力量，對資本市場、經濟成長、人民福祉、政府收入等有些貢獻。

6 環境資源部應有組織與功能

　　餿水油事件如何補破網，不但各部會說不清，連台灣每年產生多少廢食用油至今也沒有數據。環保署指國內廢食用油推估約七、八萬噸，但這是二○○七年環保署委託顧問公司調查，至今沒有更新的數字。至於實際申報的廢除業者申報僅兩萬噸，其餘可有價買賣的廢食用油，環保署認為並非廢棄物，無法掌握，近日將開會檢討。

　　從國外返回的環保署長魏國彥在記者會上，首度提到環境資源部，因為環保署如果昇格為環境資源部，有價買賣的廢食用油可能是種資源，主管部會是衛生福利部或環境資源部，則有待釐清。魏署長同時說明，環境資源部設立之後，原經濟部水利署，改隸環境資源部，該部成為水資源的主管部，不少環境評估會議係處理與水資源有關環境影響評估，未來該會議如由環境資源部長主持，恐有裁判兼球員之嫌。

　　自一九九六年行政院組織調整檢討，即有環境資源部的規劃，二○○二年民進黨主政時送到立法院審議的行政院組織法修正案，正式將環境資源部納入。當時由於朝小野大，立法院始終未通過行政院組織法修正案。二○○八年國民黨再次執政，在立法院擁有多數席位，行政院組織法順利通過，文化

部、勞動部、衛生福利部及科技部等陸續升格設置。但是環境
資源部涉及部會業務調整，規模甚大，因此迄今尚未正式立法
通過，該部何時成立仍然未定之天。

綜合先進國家案例，環境、自然保育、包括水、森林、河
川等由同一部主管，我國以前生態保育與污染防治區分，環境
保護署僅負責污染防治，自然保育方面，國家公園由內政部營
建署負責，林業由農業委員會林務局負責，水資源由經濟部水
利署及農田水利主管機關農業委員會分別負責，水土保持則由
農業委員會水土保持局負責。

依台灣現行環境保護法令（污染防治）之規定，污染源之
改善由目的事業主管機關輔導，事業廢棄物的再利用也由目的
事業主管機關管理。輔導改善及再利用與管制取締分開，其用
意為避免一些弊端，但是造成污染問題不能上、中、下游一氣
呵成，曠延時日各個環節各說各話，推卸責任。國內許多事業
廢棄物問題日愈嚴重，與結構不良息息相關，此次廢食用油即
是顯例。

環境資源部的設立，除了統合上、中、下游污染問題，更
有將環境資源（水利、公園管理、礦物、地質、林務、下水
道、氣象）等業務由該部統轄。現行環境保護署僅負責環境衛
生及毒物管理、廢棄物管理、水質保護、空氣品質保護及噪音
管制。為了執行上述業務，設置環境督察總隊，垃圾資源回收
廠興建工程處，環境監測及資訊處，管制考核及糾紛處理處
等。另外公害糾紛裁決委員會、環境評估委員會，均是重要合

議制單位。

環境資源部除了原有環境保護署業務，另將內政部營建署下水道業務、國家公園業務併入，原先計劃將國土規劃業務也一併納入，但未如願。經濟部水利署全部移撥，包括臺北水源特定區管理、北、中、南三區水資源；淡水河流域等十個河川管理局。農田水利約占全國水源75%，原規劃併入環境資源部，統一全國水資源及水權，可惜反彈力道太強，胎死腹中。農業委員會所屬林務局、水土保持局全部併入；經濟部礦物司、地質研究所也移入環境資源部。交通部氣象局應隸屬何部：交通部或環境資源部，目前傾向環境資源部。

新設環境資源部除了綜合規劃司，尚有大氣環境司、氣候變遷司、水及流域司、資源循環司、污染管制司、生態環境司等，下轄氣象局、水利署、森林及保育署、水保及地礦署、下水道及環境工程局、國家公園署。另有森林及自然保育試驗所、生物多樣性研究所、環境教育及訓練所、臺灣自來水公司。還有五大流域管理會、災害防治會、資源回收管理基金管理會、土壤及地下污染整治基金管理會。至於全民矚目的環境評估委員會何去何從，因為環境資源部將成為包括水資源在內，不少與環境評估有關的目的事業主管機關，未來環境評估，避免裁判兼球員，尚未有定論。將來該部係規模甚大，員額不少，職掌不低的大部。

任何組織調整、業務整併，新機關設置等，均有其過渡期，時不我予，規劃超過十年以上的環境資源部，立法院宜早

日通過立法，全體人民也共同正視此攸關人民生活的新機關成
立、茁長及發展。

7 台灣自來水公司的轉型分析

　　漢翔公司大量出售官股，形式上成為民營公式。經濟濟部所屬國營企業所剩無幾屈指可數，包括台電、中國石油、台糖、台水公司等。對於經濟部而言，台灣自來水公司（台水公司）是待嫁的女兒，在環境資源部正式設立後，台水公司即將移隸。成為政府組織改造，極少數國營事業由一個部會改隸另外部會。

　　台水公司的組織形成及發展，有其特殊性，一九七四年在當時行政院長蔣經國一聲令下，將全台灣一百二十八個中小型水廠合併，因此台水公司股東包括地方政府。早期董監事不少是縣市長，截至目前，地方政府們持有不低股份，董事長十之八九由擔任過縣市長轉任。

　　自來水、電、瓦斯是每個家庭戶必備三大民生用品，電話及石油與人民生活息息相關，但就普及性而言，後兩者不及前三者。自來水等攸關民生，與電相似，不少國家採取公用事業經營模式，法律上是公司（財團）法人，事實上兼有政策任務。既是企業核心任務應是謀取相關當事人（股東）最大利益，以獲取最大盈餘為經營目標。但是兼具公用性、特許性、獨佔或寡占，這些國營企業必然被賦予若干政策任務。

　　台水與台電兩家國營企業可稱為難兄難弟，情況十之八九雷同。前者供水、後者供電，與每個家庭、公司、行政辦公室、學校等長相左右。兩者仍有點差異化，應是水電性質不同，水的地理性限制，所需的地區廣潤，包括集水區、輸送管線、淨水廠、存水設備等，佔用空間不少，而且從取水導水淨水供水配水，輸送帶長度距離均無法與電相提並論。

　　台電由於發電、輸電、配售電三階段較易區分，台電公司雖然三者兼具，可是發電已多元化，依據電業法，民間發電廠已超過十家，當然其中有台電轉投資公司。自來水事業經營管理，由以前的分散式，各縣市、甚至各鄉鎮自營，大幅度調整為集中式經營。台灣本島及澎湖，分由台灣自來水公司（台水公司）及台北市自來水事業處負責，前者所服務人口數量約一千七百萬，後者則六百萬人。台北市自來水事業處服務對象，除了台北市民之外，另新北市淡水河以南地區，新店、中和等。

　　台水公司設總公司，下轄十二區管理處，三個區工程處。各區管理處下設營運所（供水及銷售服務兼具），大型供水系統區，給水廠及服務所分設，分別負責供水及銷售服務業務。由於台水公司負有一些政策性任務，例如高山地區、偏遠地區、離島地區等供水任務，成本提昇不少。早期成立時普及率約四成左右，經過不斷資本投資，擴展管線、淨水設備，目前普及率已經九成一左右。包括水源區開發、大型淨水場興建、大型管線新置，均已無迫切性。

　　業務調整，由普及率調整為維護管理，降低漏水率，管線汰換提昇安全性、衛生耐用，間接改善水質。可是自來水是投資回收甚緩的產業，固定資產中的土地廠房，儀器設備，可變賣性有限；加上水價不能自行調整，台水公司資本額高達一千三百五十億，資產二千三百億，員工五千四百人。每年營業額卻只有二百八十億，每度水銷售成本高於收入，長期虧損，財務負擔昂重。除了內部單位調整，以累積的核心工程及淨水技術參與工業區、高地區等代操作新興業務，嘗試國際合作，擴大國際交流等，均不可或缺。

　　國內水資源匱乏，上水、中水、下水等水的生命週期及每階段整合，已迫在眉睫。當然規劃水資源、水權等全盤性政策，不能只課責台水公司。經濟部、未來環境資源部，經濟部水利署、水資源委員會，內政部營建署下水道工程處（未來改制為環境資源部下水道及環境工程局），負責工業區部分自來水及廢污水處理的經濟部工業局。負責污水下水道系統（污水下水道及污水處理場）興建與維護的各地方政府。均責無旁貸，齊心協力共同努力為水再生工作，盡一己之力。

　　台水公司的組織轉型，由內部單位整併，業務擴充及調整，到新增業務。改隸環境資源部，更須配合再生水業務貢獻己力，另設投資子公司，或內部工程單位合一，區管理處精簡，均是台水公司降低成本增加收益，減輕負債，因應國內外水務環境，配合國家水資源政策，無法避免的使命。

8 國營事業的績效評估

油電價雙漲,引發民怨,社會各界紛紛對中油、台電的積弊,大力抨擊,相關部門也表示必會大力整頓積弊,包括不排除民營化。這些老生常談議題,是否實現,大家拭目以待。其實國營事業(包括中油、台電)存廢、如何民營化、績效考核等,已討論將近半個世紀。行政院、立法院、主管部會,均有多如牛毛的研究報告與改善建議。相關的法令也不勝枚舉,例如《國營事業管理法》、《公司法》、《銀行法》、《石油法》與《電業法》等。

作者曾任行政院研考會主委四年,研考會下設管制考核處,該處有國營事業科,負責國營事業的考核,只是該科人員未超過十人。國營事業最多的經濟部,則設有國營事業管理委員會。國管事業的考核經過三個程序:國營事業自評、主管部會複評、研考會召集相關部會決評,報行政院核定。由於國營事業紛紛民營化,包括中華電信、中鋼等,已不必再經由上述程序考核,中油、台電等轉投資的公司,例如汽電共生公司,也不必三級考核。

層層考核不必然績效較佳,但依作者的經驗,國營事業及主管部會,比較手下留情,累積沉痾不易自我揭發,但是行政院的考核，有時也效果不彰。因為考核指標欠明、人力不足、所謂政策性任務合理化營運不佳、每年考成與編製預算，短期效益與長期目標混淆不清等。董事長與總經理權責不清、國營事業人員太過保障、流動太慢平均年紀偏高、工會強大、管理階層老化、董事會流於形式、外力介入太多等，大家一清二楚。空降的董事長力不從心，部會首長自身難保，總統與行政院長國事繁忙，負責考核的研考會，未有太多法定授權，對於考評不佳的國營事業，缺乏制裁。

為何有國營事業、何種狀況應釋股或民營化、政府仍取得經營權或以國家發展評估各種可能方案，包括台電、中油等大型、攸關民生又可能寡佔的企業，如何調整，相關的學理、研究報告，汗牛充棟。國營事業考核項目包括業務經營、財務管理、生產管理、人事管理、企劃管理、國家政策之配合及社會責任、環境保護及工業安全等。國營事業的缺失何在？大家心知肚明，在民氣可用之際，化民怨為機會，何嘗不是人民之福。行政院與主管部會開誠布公，提出具體時間表，否則歷史重演，沉痾依在，國家又付出慘痛代價。

9 經濟發展的三大目標

　　政府調整油價、電價，造成物價上漲，一些企業可能無法
支撐，人民消費能力降低。政府決定這些調整措施時，已可預
期，並應有相關措施，例如調節物價、照顧中下階級、力保起
碼經濟成長。經濟發展三大目標：經濟成長、經濟穩定、經濟
（社會）分配。不論平時或經濟危機，在市場失靈時，政府被
課以責任，儘量達成上述三大目標。

　　沒有經濟成長，其他經濟穩定及經濟分配，幾乎渺乎可
得。經濟成長是經濟發展的原動力，國民所得、國民生產毛額
等，作為評估經濟成長的指標。至於促成經濟成長的因素：勞
力、資本、知識、創新等，不同階段，因素的比重有別，經濟
成長理論即是探討這個課題。國內最近討論油電調價、財政紀
律（包括證所稅徵收），與經濟成長的關聯性，專業意見似乎
不多，十分可惜。除了經濟成長，經濟穩定也不可或缺，經濟
穩定在經濟危機時代，政府更責無旁貸，例如，一九七四年石
油危機，一九九七年亞洲金融風暴，二〇〇〇年網路泡沫化，
二〇〇八年全球金融海嘯以及二〇一一年的歐債危機。物價與
就業兩大指標，與經濟穩定息息相關，通貨膨脹，甚至遲滯性
通貨膨脹，失業率居高不下，均是經濟不穩定的症候。

　　經濟分配可由所得分配差距評估,照顧中低收入,維持基本生活所需,被視為政府義務之一,至於社會正義與社會福利的程度,則見仁見智未有共識。所得分配差距拉大,中產階級比例下降,中小階層人數增加,接受社會救助比例上升,所謂新貧階級形成,均是不可忽視的現象。在經濟危機年代,失業率上升、經濟成長率不升反降、物價上揚,人民消費能力減少;投資意願偏低、投資報酬率降低,均是常見事實,政府如何透過財政政策、貨幣政策與包括所得與就業等政策,有助於短期與中長期成效。常見的擴大公共投資、減稅、降低利率、增加貨幣供給量、失業補助、擴大就業短中期方案、物價調節措施,或二〇〇九年發放消費券,直接刺激消費。擴大社會救助,補貼及福利津貼,也司空見慣。

　　經濟理論對於政府於經濟危機的政策效用,看法不一,即使平時政府於經濟活動的角色,也聚訟紛紜。二〇〇八年之後,全球化、少子化、人口老化、資訊化、產業結構造成贏者通吃、就業機會下降等警訊,加上兩次密集的經濟危機,以出口導向的台灣,與各國相同,面臨不少挑戰。如何制定兼具經濟成長、經濟穩定與經濟分配的政策,考驗各國政府的智慧。

　　總合而言,民進黨與國民黨主政的近二十年,財經與社會政策,大同小異,民進黨主政時,財經政策主要仰賴常任文官及一些非民進黨籍政務官,因此與李登輝時代及最近馬英九主政的四年,幾乎雷同。由此也說明財經政策的專業性及超黨派。

10 因應經濟危機的政府策略

　　國內若干機構對今年台灣經濟成長率加以下修，可能低於百分之三。歐債問題當然是主因，美國經濟復蘇不明顯，中國調整經濟結構，經濟成長下滑，或多或少也影響以外銷為主體的台灣經濟。加上政府調漲油電價，證所稅爭議等，對國內消費市場也有不利作用。所謂內外皆冷，台灣的經濟成長率當然蒙上陰影。經濟成長率雖不是經濟發展的唯一目標，經濟穩定及公平分配，也不可或缺;但是沒有成長，穩定與分配遙不可及。

　　何謂經濟危機？經濟負成長、物價指數與失業率大增，造成經濟不穩定，所得分配差距拉大，近貧與中下階級比例昇高，均是經濟危機的指標，通常這些現象一併出現，例如二○○七年美國次級房貸所衍出全球金融海嘯。包括台灣於二○○九年經濟負成長、失業率超過百分之六，進出口下降百分之四十，所得差距拉大。二○○○年網路泡沫化，一九九七年亞洲金融風暴，均為顯例，台灣出口占GDP七成，國際經濟不景氣，極易感染國內經濟。二○○九年之後，主要國家的寬鬆貨幣政策、擴大公共投資，減稅、擴大就業方案，稍稍調整全球經濟，可是二○一○年之後，歐債國家經濟危機，又重燃全球經濟危機。希臘仍由支持歐元區政黨聯合主政;歐盟領袖高峰會議同意一千二百億歐元經濟成長計劃,設立歐元區銀行監管機制,在四大面向共同推動更緊密的經濟及貨幣聯盟。

　　歐債危機是否告一段落,絕不能如此樂觀,加上美國、中國經濟成長有限,新興國家亦受波及。台灣國際競爭主要對手的韓國已多方面領先,日前公布製造業景氣續亮藍燈,分數創金融海嘯來新低。進出口貿易下降,今年第三季經濟是否回昇,無法保證。政府在二○○八年之後為因應經濟危機,除了平常性貨幣政策(例如中央銀行調降利率、存款準備率),政府產業政策,例如六大新興產業(生技、觀光、能源、健康照護、精緻農業、文化創意),推動十項重點服務業,產業有家家有產業,成立全球招商專案小組;推動四項新興智慧型產業(發明專利產業化、智慧型建築、雲端產業、智慧電動車),二○　○年七月,國安會成立全球經濟戰略小組,二○一一年提出黃金十年,二○一一年十一月,因應歐債危機,成立經濟景氣因應小組。尋常性貨幣政策、產業政策、外貿政策、金融政策之外,為了經濟成長、穩定及社會分配,因應全球經濟危機,曾採取不少措施:九十七至九十八年短期促進就業措施,九十八至一○一年促進就業方案,擴大公共建設投資計畫(四年五千億振興方案),照顧近貧方案,發給六個月所得補貼;二○○九年一月發放消費券,每人三千六百元。二○一○年九月實施延長失業給付,減稅措施(遺產稅、贈與稅、營利事業所得稅等),二○一一年七月社會救助新制實施。

　　二〇〇八年因應經濟危機所採行措施，十之八九已告結束，績效如何，有待評估。此外，台灣目前經濟是否出現危機？應否採取類似政策？政府財源何在？除了因應經濟危機的短期措施，國家發展願景、競爭力、產業結構、人力培育、產學合作、教育制度、國際合作機制等，最近均頗受討論。至於社會正義、財政紀律、幸福指標等也普受正視。國事如麻，中長期或短期措施，不勝枚舉，不宜內耗，集思廣益。

11 居住正義與政府角色

　　巢運十月四日運動再起,無殼蝸牛全面進化,啟動新世代巢運,夜宿全台最貴的仁愛路,用具體行動要求政府正視高房價衍生嚴重經濟社會課題,以及與世代正義息息相關的年輕人何處住?

　　住的問題,攸關人民福祉,但政府在人民居住正義中扮演何種角色,有必要加以釐清。國內若干社運團體時常批判政府無能,幾乎一事無成(有些言過其辭),但又訴求萬能政府,欲政府無所不能。

　　居住正義包括政府的住宅政策、人民居住品質及公平性。提及品質及公平性,即涉及高度價值判斷,淪為各說各話,莫衷一是。土地、房屋、新屋、舊屋、租屋等,係政府居住正義、房屋政策的主軸。土地問題層出不窮,私人所有、設定地上權、徵收要件、公有土地清理,閒置及活化,出售要件及價格。這些背後與國土規畫、都市計畫、都市更新等密不可分,許多強迫拆遷糾紛迭起。純粹房屋政策,首先政府扮演何種角色,中央政府及地方政府如何課責,國民住宅、合宜住宅、社會住宅,如何區隔,只租不賣,或俟一段時日可以出售,哪些資格要件?

台灣政府總稅收占GDP的12%，係全球偏低的國家之一，與OECD國家約20%相較，有段落差，與瑞典等北歐國家高達30%以上，更是天壤之別。新加坡、香港、日本、南韓等國社會住宅比例遠高於台灣，值得政府檢討。但台灣空屋率達16%（有人認為低估），區域不均衡，人口老化，有土斯有財的文化，房屋自有率超過84%。有無必要再擴大興建社會住宅，如欲興建，由政府主導，還是尊重自由市場機制。國內一些社會團體之所以有萬能政府傾向，除了稱羨北歐等社會福利國家，對於自由市場機制的不信任也是主因之一。

市場固然會失靈，因此有時政府責無旁貸。可是經濟與政治最大區別，前者具有理性、利益最大化，後者即可能有權有勢者藉由政治權力取得最大利益，並造成最大多數最大利益的政策夭折。所謂政治經濟學，在行政部門、立法機關審查法案、預算時，屢見不鮮。過去國民住宅不算成功，眷村改建計畫曠延時日，合宜住宅被社運團體批評體無完膚，社會住宅真的是萬靈丹，誰來主政、人力、經費、土地等，不是候選人說說就算。如同都市更新，私辦更新弊端叢生，屈指可數，公辦更新也效果不佳。

居住正義及住宅政策，與政府的產業政策、金融政策、財稅政策等財經政策，均有關聯。居住正義與政府社會福利政策、青年政策等也無法分割。中央銀行相關房貸措施，財政部對於房屋稅、地價稅、土地增值稅、不動產交易所得稅、奢侈稅、豪宅捐、實價登錄及資訊揭露、是否徵收空屋稅、豪宅持有捐、公告價格、市場價格、實際交易價格的逐漸齊一，房屋租賃的規範、合理化。政府其他部門有關區域發展、都市計畫，甚至國土規畫，這些才是政府主要任務，其他尊重市場機制，或公部門、私部門、第三部門攜手合作，同心協力。

當然第三部門功不可沒，民氣可用，改革呼聲與日俱增，沛然莫不可禦，許多政策、法律案，才可水到渠成。

12 改變經濟　須靠公民力量

　　以「二十一世紀資本論」聞名全球的法國經濟學家皮凱提即將來台訪問演講。該書中文版也將在台問世，這本被諾貝爾經濟學獎得主克魯曼誇讚為近十年最重要的經濟學著作，在法國出版時，並未引起風潮，對台灣經濟學界也乏吸引力。在美國引發旋風之後，如今成為政治權力圈中熱門話題。

　　台灣經濟學界受到美國經濟學高度影響，對於不同研究取向的歐洲經濟學，有些陌生。美國實證社會科學掛帥，作為社會科學之王的經濟學，更是計量經濟、實證研究為主軸。相較於其他社會科學，經濟研究的確得天獨厚，不論生產、消費、交易、分配、理性、效用、成本、利潤、成長，分析單元的消費者、家戶、企業公司、政府，計量的貨幣、流量、物價、產量等，均可高度量化。因此包括理論建構、實證研究、政策規畫，經濟學遙遙領先，國內外皆然。

　　經濟學與物理、化學、醫學，並列諾貝爾獎，貨幣理論為主的芝加哥學派，更宣稱除了經濟行為之外，包括投票、婚姻、家庭等行為，理性抉擇等經濟模型均可解釋預測。

　　美國經濟學左右全球經濟研究，諾貝爾獎得主，十之八九，出自美國大學。美國又是世界第一大經濟體，政治經濟實力獨占鰲頭，經濟政策背後的經濟理論，也因此凌駕全球。以二〇〇八年金融危機之後，美國推出三波貨幣寬鬆政策：QE1、QE2、QE3，美國主流經濟學家紛紛為該政策系統化。這些政策為美國締造不錯成績，卻連累全球經濟：資本市場虛胖、非理性榮景、實體經濟未見起色、若干歐洲和中南美洲國家政府財務危機、所得差距拉大、就業機會未有改善等。

　　台灣也無法倖免，近日中央銀行政策引起討論，要求居住正義呼聲不絕於耳。歸根究柢，除了遺產稅、贈與稅率降低，國際資金流竄，六年來，證券市場未有大幅變動，房地產市場高漲，不言而喻。中央銀行已經盡了努力，尚有其他因素，應該就事論事，不要簡化因果關聯。但美國引導的經濟政策、經濟理論，其至深且鉅痕跡，斑斑可考。

　　皮凱提教授對台灣經濟學界、政府，或許是另類思維，卻有不少啟示效用。

　　貧富懸殊與人類歷史息息相關，近年更變本加厲，國內世代正義、社會正義此起彼落，現象亦然。成因何在？如何尋找對策。課徵富人稅、建立透明的財務、稅務系統，全球共同合作追稅。經濟政策，人言言殊，但是上述主張，法國、美國、瑞士等逐漸採納，其他國家亦步亦趨。

　　不能只期待政治人物，改變須靠公民力量，皮凱提教授一針見血有感而發。

　　另類思考，對深受美國計量經濟影響的國內經濟學界，應有振聾啟聵作用，民進黨宣稱提出台灣經濟發展新策略，執政黨、政府、智庫、經濟學界，也可不遑多讓，激盪新經濟政策，何嘗不是國家人民之福。

13 企業倫理蕩然無存

　　繼頂新集團食用油風波，南僑集團也步上後塵，被披露涉
及進口非食用油卻交待不清。頂新集團的胡作非為，引起全民
共憤，全面抵制集團產品，政府了解民心向背，加入批判行
列，連對案中國也呼應聲討。家大業大的頂新集團，包括台
灣之星、101大樓經營權、味全食品欲購買中嘉集團，全部停
頓。企業罔顧起碼社會責任，除了擔負法律制裁，可能傾家蕩
產，給了台灣不肖企業最活生生教訓。

　　其實，殷鑑不遠，今天七月底高雄前氣爆，李長榮化工的
公安問題，加上事發後的表現欠佳，目前賠償官司此起彼落，
集團搖搖欲墜。為何相似事件再三重演，台灣的上市上櫃公
司，況且如此不堪，等而下之的中小型企業，薄利多銷或競爭
激烈，更遑論企業倫理或公司治理。

　　二〇〇二年美國安隆案，衍生公司治理課題，尤其與人民
生活息息相關的企業，例如金融業、上市公司。利害關係人包
括：員工、股東、消費大眾、董監事等，動輒數萬人，課予起
碼法律與社會責任。有如民主政治的政府治理，公司治理應運
而生，公司透明化，開放參與，對相關當事人課責。獨立董
事，財務經營資訊揭露，員工任用、核薪及保障，股東權益及

利害關係人權益及損害賠償等，均成為規範要件，政府責無旁貸負起督導責任。

　　台灣也不落人後，在民進黨執政時，相關立法及行政措施，逐漸推動。可惜公權力不彰，行政部門失能，令不少企業公司治理淪為口號。雖然消費者權益意識與日俱增，可惜缺乏管道，不肖企業仍然有機可乘，予取予求。一些在資本主義國家，大型企業不敢違逆的作為，在台灣司空見慣比比皆是。

　　台灣在職企業碩士、博士班，蔚然成風，十分流行。這些課程包括企業倫理及社會責任。相關評審獎勵也不計其數，可是企業倫理為何幾乎蕩然無存，大型企業如此不堪與聞的行為，先後被揭露，令人搖頭嘆息。究其原因，企業家缺乏本土之愛，尤其新富二代，十之八九從小送往國外，接受西方教育，外國籍、子女居住國外。對台灣沒有根的感情，功利取向，市場經濟資本主義本質，暴露無遺。

　　國內企業人士與一般國人大同小異，自我取向濃厚，缺乏公益及社會精神，不會設身處地考慮別人、社會、國家。一般芸芸眾生，為了溫飽，自求多福，尚可理解，但是行為舉止有待檢討反省，例如開車停車，罔顧他人權益，沒有社會成本概念等。

　　企業家則肩負更多責任，類似國外大型企業義行：社會福利、成立基金會、社區公益，台灣企業仍有待強化。家財萬貫，務必以身作則，消極上不可損害大眾利益，積極上有為有所，對國家社會奉獻心力。

14 由政治經濟複合體的解析談起

　　頂新集團等企業，為了私利，喪盡天良為非作歹，引起全民共憤，有人認為頂新集團的所作所為，是典型官商勾結的產物，也是資本主義之下，政治經濟複合體的症候。頂新集團又是在中國大陸飛黃騰達，以勝任者姿態鮭魚返鄉，加入大陸因素，更加錯綜複雜。不論資本主義或社會主義，甚至打著共產社會主義旗幟，一黨專政的社會資本主義，其政治經濟複合體，成因、型態、操作方式，均有大同小異之處。如果又思考全球化、國際化、資訊化等現象，討論政治經濟複合體，更須小心謹慎。

　　國內有些人士，喜歡放言高論，凡是先入為主，意識形態主宰，討論問題感性淩駕理性，又缺乏基本知識學養，沒有論述能力，除了泛泛之談，誤導大眾。雖然尚未執政，沒有公共政策規劃及執行權，但是掛著評論家、學者專家頭銜，危言聳聽。民智已開社會，或許一笑置之，但是自曝其短，刊登文章的媒體，久而久之，形象大打折扣，信度不佳，終遭淘汰。過去實例不勝枚舉，刊物主事者務必有自知之明，否則誤人誤己。至於在野黨亦然，提出政策主張，除了巨細靡遺，以示負責，不能大而不當，或僅有原則，缺乏具體內容。學理依據也宜完整適當，不可急食吞棗，東湊西湊，如有不足之處，務必不恥下問，專業分工社會，本來就是術業有專攻，政治、經濟、社會等學科，彼此關聯，各學科領域廣泛，不同研究途徑、相關理論林立，百家爭鳴。

學然後知不足，自信心不可或缺，但是必須謙虛謹慎，不要自以為是，認為真理只在自己手中，完全不了解人外有人天外有天，對於不同主張者嗤之以鼻，動輒認為對方不懂，一付自負高傲，卻實際空空如也。國內不少社會運動團體，為理想奮鬥，為爭取自己權益對抗不當政府決策，均是天經地義。可是不少議題，其實涉及不少學理、複雜變數，早期社會運動可以不課責主事者，訴求化繁為簡，理所當然。但要說服其他人民、政治人物、大眾媒體，主事者還需做些功課。

民進黨更須如此，稍可告慰，民進黨由學者政務官出任黨主席、祕書長、智庫執行長之後，作法煥然一新，相信必有一番作為。其他人力、財力尚佳的本土意識尚可的智庫、基金會，也急起直追，重新調整，由掌握政策方向，有學理、實務者擔綱。專業時代，又面對包括國際化、全球化、中國因素，以及國民黨政商結合，如此犬牙交錯的政治經濟複合體，在野黨、本土智庫，唯有群策群力，結合志同道合之士，不分彼此攜手合作。以往各自為政一盤散沙，加上資源匱乏、人才不濟，因此成效自然不彰。國內具有理論、實務兼備者，屈指可數，各學科又隔行如隔山，以對政治經濟複合體的解析為例，涉及政治、經濟、社會等學科，包括國際政治經濟、思想史、經濟社會史，當然計量技術、統計、方法論等也不可或缺。

　　二〇一六年總統大選重要性不言而喻，攸關台灣前途，國家政治民主、經濟成長、社會正義，行政效能、諸多沈痾已久問題，均待處理。這些議題沒有黨派成份（頂多意識形態看法不一），既有專業團隊的文官體系一定要善加維護及有效運用，民間部門（包括企業、第三部門），也人才濟濟，充滿活力，除了尊重自行成長，政府或政黨決策，能夠有效引進這些資產，就能脫穎而出，政府效率及效能也可提昇。至於有理想抱負，使命感十足的刊物，如何經營，相信以主事者們集體智慧，應有一番作為，必須改弦易轍，調整重塑。

15 貧富差距惡化全球民眾有感

　　在全國民眾處於食安危機，年輕世代疾呼社會正義、世代正義，要求政府負起住宅正義責任，實質所得十六年未升，22K陰影揮之不去，國人對台灣未來經濟遠景，眾說紛紜仁智互見。美國皮尤研究機構最新跨國調查發現，不論已開發、新興或開發中國家，民眾都認為貧富差距持續惡化。調查更指出，物價上漲、缺乏工作機會，更加劇不同階級間流動困難，讓貧窮世襲，富有也世襲。

　　貧富差距，不僅全球民眾有感，數字會說話，OECD針對兩個世紀所做的全球財富研究報告指出，當前世界所得不均顯著擴大，貧富差距程度和一八二〇年代相同，這是兩百年來世界經濟發展最令人憂心的情況。瑞士信貸公布全球財富報告：最貧窮50%人口僅擁有不到一%全球財富，最富裕前10%人口卻掌握全球財富的87%，前1%最富有的人掌控全球近一半（48%）的財富。

　　美國聯準會主席葉倫針對貧富不均發表演說，美國整體經濟流動性偏低，隨著經濟逐漸復甦，貧富差距再度擴大，創十九世紀以來高點。經濟機會四大來源：養育子女資源、教育機會、創立小型企業、繼承，機會的分配越來越不均等。政府的福利與公共計畫雖能抵銷部分不均,但效果有限。貧富不均可能刺激經濟成長,但也可能變得更糟,代際流動機會變少。

即將來台灣演講的法國經濟學家皮凱提,在二十一世紀資本論,對於財富分配的長期演變,有精闢分析。私有資本累積的慣性,必然導致財富與權力愈來愈集中少少數人手中,抑或諾貝爾經濟學得主顧志耐所稱:經濟成長、自由競爭與科技進步等平衡力量,將會在經濟發展後期階段減低財富分配不均,使社會較為平和穩定。台灣在一九六〇到一九七〇年代兼顧成長及分配的經濟發展,曾經被顧氏視為模範生及學理部分依據。皮凱提指出資本及分配不均的深層結構未曾改變,顧志耐曲線(經濟成長終將使所有人受惠),實因一九三〇年代經濟大蕭條及第二世界大戰所帶來衝擊,美國高所得被壓縮。

近數十年,金融、石油、房地產等失衡,所謂平衡成長路徑已不存在,國與國之間或是國家內部財富分配不均,日愈嚴重。財富分配視為核心議題,試圖探究長期趨勢,盡可能蒐集歷史數據,俾能了解過去的演變和當前的趨勢,比較不同國家的經驗,耐心整理出事實與規律性。如何解決貧富差距問題,課徵富人稅或透過降稅,提供富者、企業投資誘因,促進經濟成長。諸多矛盾情結,唯有客觀分析,不要先入為主,尤其主政者、在野黨、智庫、大學等,責無旁貸,看清趨勢,對症下藥,防止貧富擴大,有效解決貧困問題。

國內由於食安危機,衍生政治經濟複合體討論,頂新集團在中國大陸功成名就,衣錦榮歸,在台灣再創事業王國,有人刻意將兩岸經濟互賴關係無限上綱。台灣接單大陸生產，台灣出口總值40%集中中國大陸，如果分析其中上下游產業鏈及產品性質，所謂對中國大陸市場過度依賴。以及就業率未能提高、產業策略有偏差、實質所得低落、只有利特定廠商等影響所得分配的爭議，均宜再理性檢討。貧富差距惡化，全球民眾有感，台灣民眾也八成以上認為愈來愈嚴重，政府、人民均義無反顧，集思廣益，參酌相關學理、資料，國內狀況，尋找對策。

第三篇
———
教育文化

1 大學校長遴選談校園自治

　　台大校務會議日前選出下一任校長遴選委員名單，由台大法學院提名的蔡英文沒有上榜。蔡在今年元月總統大選失利，兩年前新北市長選舉首嘗敗績，連續三連敗，意義卻各自不同。此次僅是校長遴選委員，本是可有可無，但仍有若干意涵，頗值深思。

　　此次投票主體是台大一百六十八位校務會議代表，尚稱全國教育水準最高的選民。蔡在僅有四席的校友或社會公正人士中失利，原因何在？其實不必細究，但所謂政治與學術的分際，以及國內校園自治課題，卻值得探討。蔡的落選，部分理由應與政治與學術分際有關。

　　大學校園秉持學術自由與校園自治，不希望政治力過度介入，係是理所當然。政治力包括政府、政黨或政治人物。台灣的著名大學十之八九是國立大學，經費泰半來自政府預算，與政府密不可分，大學教授與學生對於政治力更加戒備小心。台大是全國代表性學府，抗拒政治力介入，有其象徵性意義，只是台大校友堪稱全國政務官之冠，台大教授學者從政，借調出任政府公職，比例也是首屈一指，學術與政治的分際，已有模糊的空間。

　　包括台大在內的國立大學校長遴選，教育部已更尊重校園自治，以往由遴選委員會票選前兩名，送教育部圈選的方式，調整為完全尊重遴選委員會自行決定，但遴選委員會有三席教育部代表，相對比重不高，未具絕對影響力。台灣現有四十所左右國立大學，一百二十所左右私立大學、科技大學或學院。幾乎每月均有大學校長選舉，《大學法》已對大學校長資格、選舉方式有明文規定，教育部不必再事必躬親，但是國立大學經費來自人民稅金，大學校長有其代表性及社會聲望，一些由校長選舉所反映的課題，包括教育部及全國各界有待思考。

　　台灣曾長期威權統治，政治力介入大學校園，大學教授聘用，為政治力所左右，尤其人文及社會科學。雖然威權體制已經轉型，可是教師結構根深蒂固，此種結構之下校園自治，已有偏頗之處。加上大學世俗化、功利化，大學學科調整、大學聘任與升遷制度過度一元化，大學教員有如處象牙塔內，因此校園自治與民主，出現不少光怪陸離情事。以大學校長遴選為例，各自學院派系動員、交換選票、黑函攻擊、利益協調等，比比皆是。等而下之的院長、系主任選舉及校內決策模式，更令人不敢恭維。

　　蔡英文在母校台大失利，一方面顯示台大校園自主性，另一方面也表現台灣的大學校園長期形塑的政治痕跡及大學功能轉變、大學教師結構的特質。台大如此，其他大學更不言可喻。大學的量變，科技大學林立與定位欠明，大學教師晉用及升等一元化，校園自治之外，尚有諸多問題有待解決。

2 正視十二年國教問題

　　十二年國教是我國教育制度大變革，教育史上大事，攸關國家未來人力的培育，與國家競爭力密不可分。除了學生、家長、教育團體、教育主管機關、老師等，社會各界似乎未有太多關注。也許事不關己，沒有子女在未來數年進入高中職就讀，關心此事的人士，各有立場，陷入完全免試、特色招生與明星高中存廢等議題。

　　比較現代國家，如何推動十二年國教，相信資料多如牛毛，教育主管耳熟能詳。十二國教討論多年，以往考慮的經費問題，已迎刃而解，明星高中否保留？如果保留，如何甄選？成為主要課題。至於法源依據，依高級中等教育法或專章立法，例如，若干立委推動的「十二年國民基本教育推動條例」，應不是重點。部分立委希望透過專法，明定專責機構，十二國教才不會跳票。應無必要，教育部本來就責無旁貸，更不會因部長迭人而改弦更張。

　　十二年國教最大課題之一，乃是明星高中的存廢，如果保留，如何招收學生。界定明星高中，即是見仁見智。台北建中及北一女，大家公認，台北市其他前三志願高中是否列入，相信眾說紛紜。各學區第一志願高中，例如台南一中、台中一中、高雄中學、嘉義中學、新竹中學等,均有其特色,列為明星高中,大家可以接受。但是從較嚴格方式認定明星高中,以台灣南北差異、交通便捷、人口集中北區,近幾年來建中升學率遠高於其他高中,建中及北一女視為碩果僅存的明星高中,也可探討。

除了教育下一代,學生家長態度也十分重要。十二年國教基本精神,係延長國民教育,國家負起更多責任。但是如何兼顧原有明星高中長期累積的特色,不輕言摧毀。建中學生並非只是升學率高,集合全國最優秀高中生,相互學習,加上自由校風,培育不少傑出學者及政務官。作者及獨子有幸均建中畢業,感受頗深。教育主管機關不宜硬性規定建中應有多少比例免試入學及時程,學生家長也要有自知之明,協助子女選校入學,否則勉強進入明星高中,愛之反而害之。

特色招生不是一種口號,各校均有特色,有些特色已存在多年社會共識,有的特色仍待各校自行創新。建中特色已一清二楚,欲護衛建中傳統者,勇敢告訴社會。

3 明星高中與菁英人才培育

　　教育部長蔣偉寧在立法院承諾，二〇一九年起，各高中職免試名額至少五成，二〇二四年免試及就近入學比率百分之百。明星高中校長指出，不宜貿然提五成免試；民間團體則希望高中盡快做好釋出名額準備。二〇一四年十二年國教免試入學的細部辦法尚未公布，蔣部長的一席話，讓不少明星高中紛表異議。

　　十二年國教研議多年，所以遲久未能定案，除了經費問題，所謂「明星高中」的問題，如何解決各說各話。明星高中的存在，本是世界各國皆然，但台灣社會長期的互不信任文化，明星高中的學生甄選，僧多粥少，只能採取考試方法；而考試方法又以智育為主的筆試，較受社會大眾、學生及學生家長接受。明星高中的角色與功能，尤其所謂菁英人才的培育，值得深思。數十年甚至超過百年所累積的優良傳統，是否逐漸喪失，頗值思辨。

　　台灣明星高中以公立為主，分布於數個都會地區，近年來隨著南北區域不平衡發展，台北明星高中的建中及北一女，更是愈顯特殊。升學率、學生的在校及畢業後表現，均可稱與眾不同。最近看了建中傑出校友報導，中央研究院院士、美國國家科學院院士，比比皆是。中央政府部會首長、大學教授、企業領袖，也不在少數。其實，此種現象在其他國家也曾經發生，日本在一九六〇年代之前，首相不僅十之八九東京大學畢業，而且是日本東京第一高校出身；英國內閣大臣泰半劍橋、牛津出身，而且高中集中自一、兩所公立學校畢業。最近台北政壇也掀起目前不少比例中央政府部會首長，包括總統，均是建中校友的話題。陳水扁二〇〇〇年主政，前兩年也大同小異，中央部會首長半數台大畢業，只是南一中校友不低，目前則集中建中。

　　社會的多元化，英、日等國政治菁英集中於特定大學及明星高中的現象已漸不再。況且政治菁英的代表性及聲望已不能與昔日相提並論。行行出狀元，社會各行各業，對國家社會均有貢獻。十二年國民教育推動，除了延長國民教育，或多或少也因應此種社會多元化變遷。台灣的大學、科技大學林立，大學生人數不勝枚舉，也是如此。因此一些家長團體主張包括明星高中免試名額逐年增加，本可理解。可是是否兼顧菁英人才培育，除了明星高中校長苦口婆心之外，或許畏於社會公平，甚少類似發言。作者及唯一獨子均建中校友，除了感情上希望建中維持優良傳統，個人擔任大學教授多年，並歷任十多年政務首長。更認為國家能有類似建中，應該妥善保有，任何公共政策不能只求齊一化，否則何必事先規劃與理性評估。

　　十二年國教經過多年研析，從二〇一四年到二〇二四年完全免試之前的過渡階段，共有十年時間。沒有基測考試，舉辦會考，分為精進、基礎及待加強三等分，做為熱門高中職超額比序的指標，其他比序指標則是志願序、志工服務、社團經驗等。攸關未來教育大計的政策，有賴相關當事人、專家學者集思廣益。不要淪為口號、滅校或許一時心急之言，但也反映了解明星高中者肺腑之言。公平合理、百年大計，不宜草率了事，尤其是教育主事者。

4 文化政策與政府角色

　　每逢重要公職人員選舉，主要政黨及其候選人均紛紛提出各種各樣的政策或白皮書。其中較受人矚目的是，文化政策白皮書。因為文化意含錯綜複雜，文化無所不在，文化活動不勝枚舉，幾乎無所不包。因此與其他公共政策相較，文化政策的提出，比較煞費心機，否則掛一漏萬在所難免。

　　文化一詞聚訟紛紜，曾有學者提出文化有超過兩百種以上的定義，它的經驗內涵，並未有共同看法。因此文化政策的規劃，有其先天的困擾，可能太過廣泛，也可能過度侷限某一層次，而忽略其他重要成份。儘管如此，文化政策仍是大家樂此不疲的重要政策之一，訴求對象從全體民眾到特定文化人或文化團體。

　　文化可以擴大解釋為每個人的價值取向，行為模式的整體表現。也可侷限於與美學有關的創意、活動及結果，例如音樂、美術、舞蹈、影視、媒體、設計、工藝、建築、電玩，圖書等具體活動及成果。在文化創意產業領域，通常即指這些文化創意，如何產業化，達到創新擴散，商業化及市場化，創造價值，吸引各種消費群。擴大文化產業投資，帶動延伸性文創事業發展。

有些人不贊成文化過度產業化，文化具有神聖性、獨特性，不宜太世俗化。文化及文明是長期累積，一代傳遞一代，形成社會風俗、習慣與社會規範。文化內化到每位國民心中，成為人格、態度及價值觀的一部分，行為模式受其影響。因此文化傳承被視為國家政府責無旁貸的任務，維護、調整，並教育給下一代，文化政策負有此種神聖使命。

早期非民主國家，現代威權式政權，十之八九具有此種思維。因此政府或執政黨設置文化部門，透過有計劃宣傳，教育部門也配合作業，經由教學內容，積極傳遞文化或塑造新生代文化觀。

比較分析國內主要政黨及候選人有關的文化政策，泰半在文化資產、文化創意產業、在地文化、文化展示、鼓勵民間部門文化活動、專業文化團體的發展等著墨。對於台灣數百年歷史發展，歷經西班牙、荷蘭、鄭氏王朝、清廷、日本，及二戰之後國民政府來台積極推動中華文化。多元而存異的文化元素，如何截長補短，也有去中心化的文化發展策略，提出台灣常民文化發展主軸等論述。

原住民、客家、福佬、中國各地，近二十年來的新移民，台灣位於海洋，兩岸交流頻繁，全球化、國際化、資訊化，台灣多元文化必然與日俱增。由民間部門自然成長，政府部門不宜過度介入，政府部門頂多站在善意方，扶持文化創意產業，提供資金、人力、空間等資源，給予特定文化團隊或文化人。

　　各級政府積極主動發展文化觀光、從事文化建設，推動國際文化交流，但仍適可而止。歷史的經驗告訴我們，除了威權及集權國家，政府在文化領域，通常不過度介入，例如未設置專門文化政策制定機構，對文化活動，以私部門為主，文化政策絕非無所不包。

　　國內文化團隊部分自主能力有限，期盼政府協助，但是文化自治為準則，資源分配公開透明，並尊重市場機制，政府角色適可而止。

5 學生運動的量變與質變

　　香港學聯日前發動大專生占中運動，爭取香港普選，引起全球媒體及政府矚目，中國政府強力抨擊，香港政府軟硬兼施，迄今未有結果。但是此運動影響至深且巨，包括香港、中國，對於台灣也有若干啟示作用。據分析，這次學運出現兩大特點：第一，參與者眾，始料未及，連學聯都感到意外；第二，參與的學系廣泛，不侷限社工、政治、法律、傳播等學系，連醫學院、建築系及工科學生都積極投入。

　　香港此次學生運動有此種量變與質變，應與民主發展關鍵一役，息息相關。台灣今年三月爆發的太陽花學運，也有雷同現象，參與的大學生人數激增，科系遍及各學院，許多學生首次參加，家庭背景十分多元化。太陽花學運風起雲湧因素不勝枚舉：自己國家自己救、世代正義、先監督再審查、對馬政府大陸政策的疑義等。

　　綜觀國內外學生運動的發展，有不少脈絡可尋，學生年紀較輕，理想性較高，沒有社會包袱，不計個人得失，提出訴求較易獲得社會大眾的共鳴。有些學生運動訴求主題侷限與校園事項有關，例如反對調整學雜費，校園自治。十之八九學生運動訴求範圍則相當廣泛，含括當前國家大政，太陽花學運、香港此次爭普選訴求均是。

　　台灣學生運動發展，七〇年代保釣運動、中央民代全面改選、爭取言論自由、民主人權。作者躬逢其盛，當年參與同學屈指可數，其他同學回應不高，但是推動同學共同特徵：頗具理想性、學科普及包括醫學院、理工科或作者經濟系，不侷限法政科、文科。推動同學成績均相當優異，數十年後，在各行各業均出類拔萃。作者長期任教大學，觀察心得，八〇年代、九〇年代，學生運動亦然，例如野百合運動的主要成員，均在社會各領域表現傑出。

　　邁入二十一世紀，全球學生運動有式微趨勢，包括台灣在內。因為社會多元化，民主政治成型，各式各樣社會運動崛起，學生運動不再一枝獨秀。經過十多年政經社會變遷，本已式微的台灣學生運動，在二〇〇八年第二次政黨輪替執政之後，有復蘇現象。究其原因與一黨獨大，民進黨影響力下降等有關。

　　學生運動絕對是政治社會主宰力量之一，但是全球化、國際化、資訊化的現代國家，專業知識與能力才是國家治理的首要條件。相對而言，年輕、專業有待加強的學生，本來就不該課責太重，成年人責無旁貸，對年輕世代表寄予厚望，但不能逃避責任，國家大政及公共政策規劃執行，成年人義無反顧。

　　學生運動的量變質變，應是可喜現象，但對成年世代是一種警惕，為何諸多國家社會大事，未能妥善處理。未來社會中堅、國家棟樑的學生奮起表達意見，係國家社會之福，大家樂觀其成。

6 由成大首位女校長談起

　　國立成功大學即將出現首位女校長，被賦予重任的是該校蘇慧貞教授，美國哈佛大學環境衛生科學博士，曾任該校副校長。國內女性大學教授不勝枚舉，女性校長則屈指可數，全國一百六十七所大學院校，只有6%女性校長，包括曾任陽明大學、交通大學兩校長的吳妍華教授、目前代表國民黨角逐台南市長的國立台南大學校長黃教授。

　　與其他國家相似，女性受教育機會與日俱增，兩性日愈平等，以國內而言，女性博士、碩士研究生，將近五成以上；大學院校助理教授、副教授、正教授，女性也占四成以上，尤其文學藝術女性教授六成以上，社會科學女性教授也不遑多讓。但是擔任系主任、院長、校長的女性教授，卻逐次降低，分析成因，女性教授必須兼顧家庭，十之八九放棄肩負學校重責的工作。在其他領域，例如大型企業、政治界，也有相同現象，可是包括台灣在內的進步國家，相關統計資料顯示，女性擔綱要職的現象十分普及，已是不可逆轉的潮流。

　　最近看了兩本女性傑出政治領袖的傳記：德國總理梅克爾傳，以及美國前國務卿希拉芯的抉擇。兩位當代最傑出的女性政治家，前者改變歐洲的政治，後者除了國務卿任內政績豐碩，也是二○一六年美國最熱門的總統人選。以男性為主的政治圈，金錢、性醜聞充斥其間，女性所代表的柔性力量，成為一股政治淨化力量，女性敏銳思考、男性所罕見的毅力、持志不懈的意志、突破艱難的能力，均是軟實力的具體象徵。梅克爾領導德國長達九年，德國一枝獨秀，並力主財政紀律，歐債國家，例如西班牙、義大利、希臘、愛爾蘭等，化險為夷，度過經濟危機，雖然不同雜音迭起，但事實證明梅克爾的政府節流政策係明智決定。

希拉芯的抉擇，反映女性敏銳思捷，她的外交經驗，提出不少寶貴的建言，男性政客罕見的心得。例如對中國的評估，對台灣苦口婆心的諫言，在美國外交圈並不常見。國內對於她們的介紹不少，兩位不但不讓鬚眉，凌駕男性政客之上。其實女性政治家比比皆是，沒有女性國家元首、行政首長的進步國家，反而成為異數。二○一二年蔡英文風起雲湧，雖然未竟其功，但是雖敗猶榮功不可沒。在民進黨異突起，民進黨是否起死回升，符合人民期待，重返執政之路，也只有仰賴小英。

每月閱讀女性科學家刊物，瀏覽女性傑出人物題材，男性社會加諸女性的束縛，即使重重困難，女性先天特質，兼顧家庭事業務，與男性比較，女性付出更多心力，出人頭地，令人敬佩。不論各種行業，女性的表現，男性只有心存感激，好好檢討，促使兩性更能齊心協力，從感情互通、組成家庭、共同推動理想社會國家。兩性平等、共存共榮，係國家是否進步、文明是否成長，最重要指標。作者長期在大學任教、擔任十多年政務首長，接觸不少傑出女性，各種優異表現，絕不亞於男性同僚。

　　成功大學係工學院起家，台灣南部最重要大學，深慶得人，反映台灣社會的縮影，也是國際社會的趨勢，兩性社會已經成熟。

附錄

附錄1 Political, business elites rule the nation

The gas pipeline explosions in Greater Kaohsiung's Cianjhen (前鎮) and Lingya (苓雅) districts exposed several serious issues, such as the lack of distinction between central and local government authority and accountability, mismanagement of underground pipelines, confusion over corporate social responsibility and ethics, and the question of whether the government has the nation's best interests at heart.

The incident highlighted the absence of clear divides between central and local government authority, accountability and competence. The lack of competence within the Greater Kaohsiung Government also reflects the Democratic Progressive Party's (DPP) lack of competence.

A government's ability to govern consists of several key elements: professionalism, the ability to communicate, and leadership and administration. In this era of internationalization, globalization and information, government leaders must have a professional skill set that includes basic knowledge, an understanding of international affairs and a broad vision.

The DPP's rise and growth were based on its push for the nation's democratization. Despite its passion, the party's first generation of leaders lacked professionalism, the ability to communicate, and leadership and administrative abilities. Unfortunately, most of its second and third-generation leaders also lack these skills, and this is the party's biggest problem. Although the rise of DPP Chairperson Tsai Ing-wen (蔡英文) is likely to partially remedy the problem, the party still has to overcome its populist, even anti-intellectual, orientation, or it will have no hope in the future.

In comparison, the Chinese Nationalist Party's (KMT) leaders possess professionalism.

However, it must improve its administrative abilities and leadership. Also, it has a lack of love for the nation, which has led to recent government malfunctions and corruption cases.

The same applies to businesses, which should take social responsibility, especially publicly traded corporations and those closely related to the public's safety as well as the nation's political and economic development.

The upcoming generation of the nation's business leaders share certain characteristics: many of them studied overseas, receiving a Western education, in particular, in technical and management training, holding dual nationalities, with most of their families residing abroad.

They are competent elites with sound business acumen, still, they have to develop a love for the land and their companies must show greater social responsibility.

The performance of TransAsia Airways and LCY Chemical Corp has been disappointing, and the second-generation business elites' lack of love for the nation has played a key factor in this. This is something that must change right away.

Public participation is important in a democracy, but in practice the country is manipulated by political and business elites.

Today, national development no longer depends on one or two individuals; rather it is political and business elites who are crucial to national competitiveness, future national direction and public welfare. They must remain humble and constantly review and improve themselves to create greater happiness for the country and its people.

They should reduce the risk of disaster and improve crisis management while taking an active approach to aiding the government's ability to rule and strengthen the social responsibility of businesses. This is the only way to put the country back on the right track.

附錄2
Government cross-strait politics is frightening

After former Mainland Affairs Council deputy minister Chang Hsien-yao (張顯耀) was suddenly removed from his post, he said he had not known that politics was so scary. If Chang, who holds a doctorate in political science and was involved in politics for many years, cannot see the scary side of politics, neither can the public.

When former premier Yu Kuo-hwa (俞國華) was forced to leave his post in 1989, his wife made the same comment about how scary politics could be. Is politics really as frightening as they said?

Politics is the handling of public affairs and democracy is about politics by the people and mainstream public opinion. Both in theory and practice, politics is closely related to the public. Let us put aside more complex international or regional politics and concentrate on domestic politics: What is its essence? As citizens, we all interact in some way with the state, government, authorities and officials regardless of whether we live under a one-party dictatorship, an authoritarian system, a democracy, a one-man dictatorship or even a theocracy.

People's voting behavior in elections and their regular political participation varies from person to person, and this has an effect on politics in practice. However, the essence of politics, power and power interaction remains fixed and rarely changes. Modern democratic theory is built on basic human rights — freedom, equality and participation in government power, including the powers of, and separation of powers between, the central and local governments, and the mutual checks and balances of the administrative, legislative and judicial branches.

The government's powers should be determined and restricted by the people through the Constitution and a body of laws. Key government officials should be elected by the public at regular elections, and the planning, making, implementation and evaluation of government policy should be transparent. The public should have the right to express their opinions throughout this process and enjoy the rights of initiative and referendum.

There should be assessments of the government's ability to rule, and it should take its accountability accordingly. This prevents government agencies from hurting public interests, and it ensures that government and semi-governmental agencies — administrative institutions, state-run enterprises, public construction corporations, business entities and foundations constituted as legal entities indirectly invested in by the government — and their operators abide by the law when performing their duties, improve and give full play to their specialties, improve their ability to govern and make high-quality public policies.

The operation of political power is an authoritarian distribution of social values. In today's diverse democratic societies, the public and the private sectors are becoming increasingly separated, and the scale of the private sector is constantly expanding. However, the government's influence over political, economic, social, cultural and other aspects should not be ignored.

Due to the influence of globalization, internationalization and the information society, Taiwan's government is exercising certain rights on behalf of the public when dealing with international affairs, especially cross-strait affairs, so every Taiwanese is surrounded by politics.

As we consider the nature of politics, we can obtain a rational understanding of the fact that politics is not only scary and terrible, but that politics is everywhere. If people gain this understanding, and try to restrain politicians from acting arbitrarily through their civic powers, they would be able to reduce the scariness of politics to a degree.

附錄3 Viable two-party system is possible

Lawmakers in the newly elected legislature officially started their duties last Wednesday. The Democratic Progressive Party (DPP) holds 40 seats, while its allies in the Taiwan Solidarity Union have three, giving the pan-green camp control of one seat more than one-third of the legislature. The DPP also garnered nearly 46 percent of the vote in the presidential election. These developments provide the possibility for the nature of the nation's political sysem to move away from the single-party domination of the past four years and toward proper two-party politics.

However, some conditions will have to be met for this to happen. The Chinese Nationalist Party (KMT) must be willing to set aside its single-party, monopolistic mentality and start to respect civil service and uphold administrative neutrality. It must be willing to give the DPP the responsibility of playing the role of an opposition party so that the DPP can improve its ability to present its policies and aspire to set up a shadow government.

The DPP held the presidency, and thus control of the central government, for eight years until 2008. As the party's presidential candidate in this year's election, DPP Chairperson Tsai Ing-wen (蔡英

文) guided her party when deciding what issues to put forward in the campaign. The party's 10-year policy platform, published in August last year, is full of good ideas, but unfortunately not enough was done to turn these ideas into concrete policies.

Now Tsai has decided to establish her own office and it will be interesting to observe the three-way interaction between the DPP's central committee, its legislative caucus and Tsai's office. After being elected as DPP chairperson four years ago, Tsai helped revive the party up from a low after the 2008 elections and although the result of the presidential election was not the one DPP supporters hoped for, it was an honorable loss and Tsai's contribution to her party cannot be denied.

She won a lot of support for the party from swing voters who were undecided when the campaign began, especially from among young and middle-class people. She also transformed the DPP's image into that of a moderate party with a global outlook with the qualities voters expect from a modern political party.

These things were largely lacking under former DPP leaders. If the DPP wishes to return to government in future, it cannot afford to backtrack on these advances. Rather, it should cherish the foundation Tsai has laid and continue to better the improvements she has introduced.

A large number of middle-aged DPP politicians have now taken up seats in the legislature, offering a ray of hope to the party. In addition, there are six DPP city mayors and county commissioners. The party must continue to work hard on managing the localities, especially in Greater Taichung and further north.

In addition, it needs to strengthen its policy formation and presentation, and put forward systematic policy proposals on issues such as China, the economy, government efficiency and social justice, so that people can compare them with those of the other parties. It is the DPP's duty to do so and it is also an essential way forward for the development of the nation's democracy.

If the DPP is to play such a role, it will have to keep doing its homework. The DPP's Policy Research and Coordinating Committee, which could be considered the party's think tank, and Tsai's office — once it is up and running — will both have a heavy responsibility in this respect.

A lot of people in the DPP are very good at campaigning, but they are not so good at drawing up policies. However, Tsai is an exception. For the DPP, the final step in the race for government office will not just be a matter of what attitude it takes regarding the so-called "1992 consensus" or of amending the DPP's 1999 Resolution of Taiwan's Future. To win the race, it has to win back the public's confidence in its ability to govern and especially in its ability to formulate and carry out policies.

Since Taiwan does not have a Cabinet system of government, a shadow Cabinet model does not entirely apply. In origin, neither the

DPP nor the KMT were formed from the governing elite, combining executive, legislative and party roles. Nevertheless, even in countries with semi-presidential or presidential systems, the main opposition parties tend to form shadow governments in ways that ever more closely resemble the pattern seen in countries with Cabinet systems.

For example, in the US, regardless of whether the opposition party holds the majority of seats in the Senate or the House of Representatives, its congressional caucus is tightly grouped, thus taking on the appearance of a shadow Cabinet. Taiwan lies somewhere between a presidential and a Cabinet system, so many people look to the DPP's legislative caucus to work as a shadow Cabinet.

Future DPP chairpersons and whoever runs as the party's candidate in the 2016 presidential election will also have important roles to play. DPP figures have in the past made attempts to run shadow governments, but these were not really representative of the party as a whole, so naturally they could not succeed in their aim. From now on, the party will have to draw on a broader pool of wisdom to put the idea fully into practice.

Is Taiwan headed toward a real two-party system? The single-member constituency system that Taiwan adopted in 2008 is one factor that will tend to move the country in that direction, but the way people cast their votes is another important element. The DPP must live up to public expectations by strengthening its ability to formulate policy and moving toward a shadow Cabinet model.

Taiwan is confronted by the threat of China as well as by political, economic and social challenges at home and abroad. There are countless policy issues to deal with and it goes without saying that a responsible opposition party must live up to its mission of tackling whatever issues might arise.

附錄4
State firms' evaluations need to be re-evaluated

Fuel prices are up and people are angry. State-owned enterprises CPC Corp, Taiwan, and Taiwan Power Co (Taipower) have been criticized from all quarters for their conduct. The government has indicated that it intends to address these ills.

Privatization has been mooted as a solution, although it may be reconsidered in time. The debate on whether a company is run best by the state or by the private sector, about how privatization should be implemented and how performance quantified, has been going on for almost half a century.

The Cabinet, the legislature and government departments have all undertaken exhaustive studies and submitted reports with recommendations, and there are numerous pieces of legislation devoted to the problem, including the Administrative Act of State-Owned Enterprises (國營事業管理法), the Company Act (公司法), the Banking Act of the Republic of China (銀行法), the Petroleum Administration Act (石油管理法) and the Electricity Act (電業法).

I served for four years on the Executive Yuan's Research, Development and Evaluation Commission's (RDEC) Department of

Supervision and Evaluation. This department had a section responsible for evaluating state-owned enterprises, with a staff of 10 people. The Ministry of Economic Affairs, which is in charge of most of the enterprises, has its own commission for managing them. The state-owned enterprise evaluation is carried out on three levels: self-evaluation, review by the supervising department and a final review by departments convened by the RDEC and reporting to the Cabinet.

Privatized former state-owned firms such as Chunghwa Telecom and China Steel are no longer subject to this procedure, and neither are companies CPC and Taipower invested in.

My experience is that the self-evaluation and the supervisory department reviews tend to be forgiving and unwilling to reveal problems. However, the final Cabinet review is sometimes also ineffective, due to unclear evaluation benchmarks, understaffing, the confusion of short-term interests with long-term objectives and the inability to meet policy objectives, annual evaluations or budgetary limits.

The problems with state-owned enterprises are well-known: ill-defined roles for chairmen and chief executive officers, iron rice-bowl positions for staff, low turnover resulting in an aging work force and management, strong unions, a hollow board of directors and excessive external interference.

Board chairmen who are parachuted in are powerless, ministers and department heads have no job security, the president and premier are preoccupied with running the country, and the RDEC — responsible for the performance evaluations — lacks the legal clout to deal with enterprises that underperform.

Much has been written on why state-owned enterprises are needed, when the government should sell shares or privatize or retain control. There have also been many different theories and studies on how large-scale enterprises are related to the public good, and how their part in an oligopoly — such as CPC or Taipower — can be improved, given various possible scenarios of national development.

What can be done to improve state-owned enterprises? The public is angry, but this situation can be turned into an opportunity to change things for the better. The Cabinet and the Department of Supervision and Evaluation have to come clean and structure a timetable to deal with the issue; otherwise there will be no end to the problem and the country will continue paying the price.

附錄5 Chinese nationalism poses threat

During a meeting with a delegation of pro-unification activists from Taiwan on Friday, Chinese President Xi Jinping (習近平) said that on major issues related to national unification and the Chinese people's long-term development, Beijing's stance is firm and there will be no compromise or wavering.

"Peaceful unification and 'one country, two systems' are our basic guidelines in solving the Taiwan issue," Xi said, adding that policy implementation would take into consideration the actual situation in Taiwan.

Beijing's stance has been clear since the Chinese Communist Party released Xi's "six points" after China's Taiwan Affairs Office Minister Zhang Zhijun's (張志軍) visit to the US in August. Compared with the "six points" proposed by then-Chinese president Hu Jintao (胡錦濤) in 2008, Xi's Taiwan policy against a backdrop of growing Chinese nationalism will exert increasingly greater pressure on the nation.

Taiwan has long been restricted by the so-called "1992 consensus," that there is "one China, with each side having its own interpretation."

The situation has worsened, with Beijing recently rehashing its "one country, two systems" policy. It is also reinterpreting how its "one country, two systems" policy applies to Hong Kong, claiming that the territory is just a special administrative region governed by the Chinese government. Hence, Hong Kongers will not be allowed to exercise full "universal suffrage" in electing their chief executive and legislative council members in 2016. Beijing has also taken a harsh stance against separatist movements in Tibet and Xinjiang, and is expected to do the same with Taiwan.

Xi is grappling with the US and Japan. Domestically, he is battling government corruption: Political heavyweights such as former Politburo Standing Committee member Zhou Yongkang (周永康) and former Central Military Commission vice chairman Xu Caihou (徐才厚) have been brought down. Although China's economic growth is slowing down and it is beset by numerous social problems, China has become the world's second-largest economy, so it is able to compete with the US on equal terms through its "big-power diplomacy."

The US announced a strategic pivot to Asia in 2011, and the premise of this shift is the redeployment of troops after the end of the Afghanistan and Iraqi wars, as well as the establishment of the Trans-Pacific Partnership and other factors. However, from the civil war in Syria to the conflicts in Lybia and Iraq, and the Islamic State that is causing problems for the West, Washington is unable to accomplish its Asian strategic goals in the short term.

Fortunately, the US has the full cooperation of Japanese Prime Minister Shinzo Abe's administration, which is seeking to reinterpret its pacifist defense policy and intends to amend Article 9 of the constitution, increase its defense budget and establish a government agency responsible for national security.

As for issues regarding the East China Sea and the Diaoyutai Islands (釣魚台), tensions remain high between China and Japan, but the US and Japan are still employing a "dual strategy" of cooperating and competing with China in international and Asian political and economic affairs.

We are moving into a new phase and the pressure on Taiwan is increasing. In response to Xi's remarks, the government expressed its opposition to Beijing's "one country, two systems" and reiterated its "no unification, no independence, no war" stance, while pushing for peaceful development across the Taiwan Strait on the basis of the "1992 consensus."

After causing some misunderstanding, German public broadcaster Deutsche Welle corrected its report about an interview with President Ma Ying-jeou (馬英九) by several European media outlets on Wednesday last week. The broadcaster mistakenly quoted Ma as saying that he is willing to learn from East Germany and West Germany's experience in moving toward eventual unification. What Ma said was that he was willing to learn from the two states' experience in handling bilateral relations.

Democratic Progressive Party Chairperson Tsai Ing-wen (蔡英文) has also said that peaceful and stable development in cross-strait relations is a common goal for all, but the future of Taiwan should be decided by Taiwanese alone.

The ruling and opposition camps, as well as their supporters, may have different opinions on issues such as Taiwan's future and cross-strait exchanges, but no political party dares sell Taiwanese out in the face of a furious China and a changing international situation.

It is important to respect diverse opinions in a democratic society. Chinese nationalism is becoming a threat. How should Taiwan deal with this? The government, political parties and the public must draw on collective wisdom to seek a solution together.

附錄6 悼念張炎憲教授

今年九月十四日，張炎憲教授主持送進黑牢的愛心餐（阿扁總統送餐日記），及穿透黑暗的天光（與阿扁總統的書信往來）兩本新書發表會，我應邀出席，竟成為最後一次與張炎憲教授見面。數日後，我接到該天出席大地文教基金會義工忽促電話，提及張教授在美國病危，希望我能與外交部長聯繫，妥善協助處理張教授。我問這位義工在美國何處，我方便跟林永樂部長聯絡，她即掛斷電話。隔日媒體即報導張教授病危昏迷，外交部也指示外館協助，我雖然未能盡力，心想張教授應該得到妥善照料。數日後，獲悉張教授逝世，享年六十七歲，以目前年代而言，早了一些。

為張教授寫悼念文者不少，因為張教授在台灣史、口述歷史、國史館長任內貢獻，擔任包括台灣教授協會會長、台灣社社長，推動本土化運動，成績斐然。我與張教授均是嘉義同鄉，但相識甚晚，可能年齡相差5歲，所學不同。一九七九年康寧祥創辦八〇年代雜誌，與台大歷史系教授鄭欽仁、李永熾教授等相識。數年後，認識剛從日本東京大學取得博士學位返台，任職中央研究院的張炎憲教授，一位典型的讀書人，彬彬君子，溫和卻意志堅決。

一九八九年，康寧祥又創首都早報，鄭欽仁教授與我分任正、副總主筆，邀請張教授擔任主筆。我同時負責辜寬敏先生創辦台灣春秋雜誌社，顧問委員會召集人，也邀請張教授出任顧問。該年幾位教授共同成立現代學術基金會，張教授與我均擔任董事，每月有定期聚會。一九九四年我到台北市政府服務，曾邀請張教授協助處理一些市政業務。張教授學術、人品、本土意識等，頗受李登輝總統器重，我與李先生也有長期淵源，在一九九七年底台北市長改選，張教授與我曾有一段迄今鮮少人知的故事。

該年李先生是否支持國民黨提名的馬英九，遲遲未表態，我身為副市長、代理市長，又被視為與李先生關係匪淺。陳水扁陣營內部對於如何與當時身兼國民黨主席的李登輝總統互動，有不同看法。我理所當然被視為友好派，李先生在投票數日前高舉馬英九手高呼新台灣人，造成選情逆轉，我立即成為被指責的焦點。隔天李先生請張炎憲教授與我私下會晤，轉達李先生心意，我了然於胸。數天後，我以副市長身份陪同李先生投票，對於李先生所作所為更加釋然。

二〇〇〇年陳水扁當選總統，張教授出任八年國史館長，我分別擔任四年行政院研考會主委、四年考選部長，業務上與國史館互動不少，尤其研考會主委期間。研考會負責精省作業，原台灣省政府文獻委員會改隸國史館，若干波折，張館長與我密切合作，迎刃而解。研考會下轄檔案管理局，負責全國檔案管理，二〇〇一年我親自為檔案局掛牌設立，我要求期許檔案局同仁，肩負重責大任，秉持行政中立，制定相關法規，並指示有系統整理包括二二八事件、白色恐怖時期、美麗島事件、陳文成事件、林義雄宅血案等相關檔案。這些攸關歷史真相、轉型正義、對受難者及其家屬的撫慰，以不先入為主、不偏不倚態度處理。期間我特別交待必須與國史館通力合作，國史館有其專業性，檔案局則有法定職掌。

政府機關橫向聯繫，一向有待加強，張館長的風範，與我多年友誼，國史館與檔案局不辱使命，完成不少工作，當然也有若干仍遭人詬病，由我負全責。考選部長任內，除了相關考試作業，委請張教授協助，互動機會減少。

台灣教授協會成立時，因為發起人不少舊識，盛情難卻，我曾加入，到政府服務後，我即未繳費主動退出。二〇〇七年底，蔡丁貴教授出任會長，由於蔡教授在我擔任一九九九年陳水扁競選總統期間國政藍圖總召集人、二〇〇〇年出任行政院研考會主委，給我協助甚多，尤其他的水利工程專長。二〇〇二年我特別邀請他出任行政院研考會副主委，與另一位專長LED副主委，共同推動會務。他出任台教會長，希望我恢復會員，我於情於理無法婉拒。兩年後張炎憲教授接任會長，因為與他長期友誼，我未退出台教會，直到他離任，我即退出台教會。台教會人才濟濟，成員充滿本土之愛，強烈使命感，積極行動力，令人敬佩。我因為個性使然，長期政務官形象，自我期許在紛擾年代，扮演專業中間角色，因此兩度進出。

216

　　我與張教授稱不上交情匪淺，但是對張教授印象深刻，本
土意識濃厚者，不少長期受到國民黨欺凌，又自認背負拯救台
灣的使命，得理不饒人。張教授是其中的異數，但他的專業、
堅持理念、意志力、行動力，卻得到大家的尊重及肯定。他突
然走了，給人感慨人生無常，唯有更珍惜當下，愛吾所愛，並
有計畫規劃生命一切，腳踏實地按步就班，實現理想。

Do觀點22　PF0156

全球展望與國家願景
——林嘉誠政治評論集

作　　者／林嘉誠
責任編輯／蔡曉雯
圖文排版／楊家齊
封面設計／楊廣榕

出版策劃／獨立作家
發 行 人／宋政坤
法律顧問／毛國樑　律師
製作發行／秀威資訊科技股份有限公司
　　　　　地址：114 台北市內湖區瑞光路76巷65號1樓
　　　　　電話：+886-2-2796-3638　傳真：+886-2-2796-1377
　　　　　服務信箱：service@showwe.com.tw
展售門市／國家書店【松江門市】
　　　　　地址：104 台北市中山區松江路209號1樓
　　　　　電話：+886-2-2518-0207　傳真：+886-2-2518-0778
網路訂購／秀威網路書店：https://store.showwe.tw
　　　　　國家網路書店：https://www.govbooks.com.tw

出版日期／2015年3月　BOD一版　定價／280元

|獨立|作家|
Independent Author

寫自己的故事，唱自己的歌

全球展望與國家願景：林嘉誠政治評論集 / 林嘉誠著. --
臺北市：獨立作家, 2015.03
　面；　公分
ISBN　978-986-5729-63-9 (平裝)

1. 言論集

078　　　　　　　　　　　　　　　　　　104002007

國家圖書館出版品預行編目

讀者回函卡

感謝您購買本書,為提升服務品質,請填妥以下資料,將讀者回函卡直接寄
回或傳真本公司,收到您的寶貴意見後,我們會收藏記錄及檢討,謝謝!
如您需要了解本公司最新出版書目、購書優惠或企劃活動,歡迎您上網查詢
或下載相關資料:http:// www.showwe.com.tw

您購買的書名:_____

出生日期:_____年_____月_____日

學歷:□高中 (含) 以下　　　□大專　　　□研究所 (含) 以上

職業:□製造業　□金融業　□資訊業　□軍警　□傳播業　□自由業
　　　□服務業　□公務員　□教職　　□學生　□家管　　□其它____

購書地點:□網路書店　□實體書店　□書展　□郵購　□贈閱　□其他

您從何得知本書的消息?

　□網路書店　□實體書店　□網路搜尋　□電子報　□書訊　□雜誌

　□傳播媒體　□親友推薦　□網站推薦　□部落格　□其他_____

您對本書的評價:(請填代號 1.非常滿意　2.滿意　3.尚可　4.再改進)

　封面設計____　版面編排____　內容____　文/譯筆____　價格____

讀完書後您覺得:

　□很有收穫　□有收穫　□收穫不多　□沒收穫

對我們的建議:_____

_____

_____

_____

11466
台北市內湖區瑞光路 76 巷 65 號 1 樓
獨立作家讀者服務部　　　　收

⋯⋯⋯⋯⋯⋯⋯⋯⋯⋯⋯⋯⋯⋯⋯⋯⋯⋯⋯⋯⋯⋯⋯⋯⋯⋯⋯⋯⋯⋯⋯

（請沿線對折寄回，謝謝！）

姓　　名：＿＿＿＿＿＿＿＿　年齡：＿＿＿＿　性別：□女　□男

郵遞區號：□□□□□

地　　址：＿＿＿＿＿＿＿＿＿＿＿＿＿＿＿＿＿＿＿＿＿＿＿＿＿

聯絡電話：(日) ＿＿＿＿＿＿＿＿＿＿　(夜) ＿＿＿＿＿＿＿＿＿＿

E-mail：＿＿＿＿＿＿＿＿＿＿＿＿＿＿＿＿＿＿＿＿＿＿＿＿＿